BANPOXUNYI
被唤醒的
史前村庄 半坡寻遗

西安半坡博物馆 组织编写
张礼智 主编

九州出版社 全国百佳图书出版单位
JIUZHOUPRESS

图书在版编目（CIP）数据

被唤醒的史前村庄：半坡寻遗 / 张礼智主编 . —北京：九
州出版社，2018.10（2020.9 重印）

ISBN 978-7-5108-7577-9

Ⅰ．①被… Ⅱ．①张… Ⅲ．①半坡（考古地名）－文化遗
址－青少年读物 Ⅳ．① K878-49

中国版本图书馆 CIP 数据核字（2018）第 253374 号

被唤醒的史前村庄：半坡寻遗

作　　者	张礼智　主编
出版发行	九州出版社
地　　址	北京市西城区阜外大街甲 35 号（100037）
发行电话	(010)68992190/3/5/6
网　　址	www.jiuzhoupress.com
电子信箱	jiuzhou@jiuzhoupress.com
印　　刷	三河市九洲财鑫印刷有限公司
开　　本	850 毫米 ×1168 毫米　16 开
印　　张	10.25
千　　字	164 千字
版　　次	2018 年 12 月第 1 版
印　　次	2020 年 9 月第 2 次印刷
书　　号	ISBN 978-7-5108-7577-9
定　　价	38.00 元

目 录

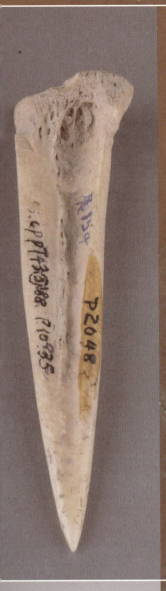

引 子

　　岁月总是这样的无常：一方面将过去的痕迹掩埋得干干净净，一方面又在不经意间时不时地撩开历史帷幕的一角，带来意外惊喜的同时，也使后来的人们有机会窥探遥远的过去时光。

　　1953年，这一幕再次上演。这次的主角是6000年前的一座原始村庄。

　　西安东郊的半坡村，1953年，在这个关中渭河流域再普通不过的村庄的北边发现了一座原始社会村庄的遗址，随后进行了大规模的考古发掘，使这个村庄蜚声中外。

1959年7月，中国科学院院长郭沫若考察半坡遗址，并为西安半坡博物馆题写了馆名。

当地民众参观半坡遗址发掘现场

　　1954年至1957年半坡遗址的发掘，是当时一件轰动一时的大事。面对参观热情高涨的民众，考古工作者索性在土崖下现场办起了展览会。这场面也激发了当地农民捐献文物的积极性。

　　那么，在这里究竟发现了什么，引起民众如此的关注和热情？

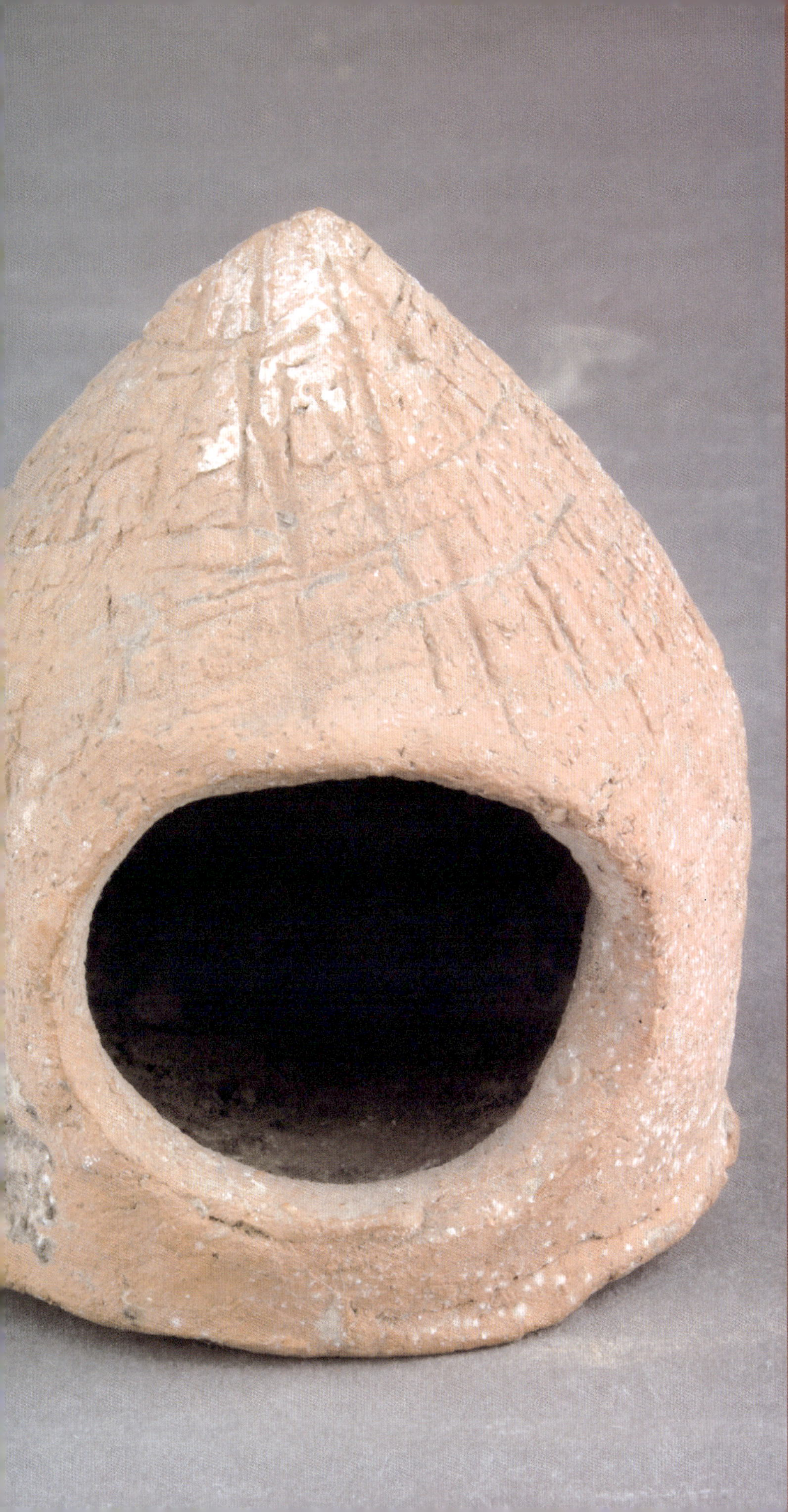

第一章

无名规划师和建筑师的杰作

已有的石器时代考古学知识告诉我们，受生产力水平的限制，人类经历了漫长的通过采摘、狩猎或捕捞获取食物的旧石器时代。直到距今约一万年前，因为农业的出现，人们开始了定居的生活，可以从容地规划自己的生活了。这是一个了不起的变化，是一个翻天覆地的变化：人类用数百万年探索的脚步换来了一个全新的时代——新石器时代，遍布世界各个角落的史前遗址都证明这样一个史实：人类文明从此进入一个加速度发展的节奏。

半坡原始社会村庄遗址为今天的人们提供了一个典型的例证。

第一节　"原"来如此
——小小半坡村的巨大地理背景

关中盆地原是一个大湖，地质学家称之为三门湖。随着地质的变迁，湖水渐渐退去，湖底露出来，成为今天的关中盆地。

关中盆地

关中盆地夹持于陕北高原与秦岭山脉之间，南北两侧山脉不断上升，盆地徐徐下降，形成地堑式构造平原，即关中平原，也称渭河平原。渭河平原形成后，因地壳间歇性变动，以及河流的不停流淌、下切，形成了高度不等的阶地，当地称之为"原"，自上而下如阶梯状，被称为头道原、二道原、三道原。和当地的称谓不同，地理学家则是从河面算起，离河面最近的为一级阶地，依次往上为二级阶地、三级阶地，以此类推。

这样的"原"有多少？这是一个很难有统计结果的数字，因为在关中地区渭河南北支流如网密布，水流切割形成的阶地，大大小小，可真是不少。仅西安附近就有渭河、泾河、沣河、涝河、潏河、滈河、浐河、灞河八条河流环绕，古称"八水绕长安"。由这些河流切割而形成的著名的"原"，有少陵原、神禾原、白鹿原等。半坡村就在浐河边上的白鹿原下。

第二节　二级阶地
——关中地区原始先民对居址的最早选择

当地所称的三道原相当于地理学家所说的二级阶地。半坡村就建在浐河东岸的二级阶地上。

置身于半坡遗址保护大厅，满眼坑坑洼洼的遗址，很可能会引发你的第一个问题：为什么他们会选择在这个地方修建自己的村庄？

让我们先来看看《管子·乘马》篇中的一段话："凡立国都，非于大山之下，必于

遗址一角

广川之上；高毋近旱，而水用足；下毋近水，而沟防省；因天材，就地利。"

翻译成现代汉语，大意是"凡是营建都城，不把它建立在大山之下，就一定在大河的近旁。高不可近于干旱，以便保证水用的充足；低不可近于水潦，以节省沟堤的修筑。要依靠天然资源，要凭借地势之利"。

这一段话写的是国都选址的标准，但实际上也是对人类居住环境的经验总结。《管子》

浙江余姚河姆渡遗址出土的干栏式建筑遗址

一书成书于战国时期，我们有理由相信这段论述包含了此前的人们关于居址选择的智慧。

可见，居址的选择一开始就不是无关紧要的事情。纵观中国各地新石器时代村庄遗址，我们惊讶地发现，无论地理环境是如何地迥异，先民们都能找到最适合的地点，以最适合当地条件的方式建造自己的村庄。

复原起来的干栏式建筑

在浙江省的河姆渡遗址，依据出土遗址复原的是一种干栏式建筑。这种在木或竹柱底架上建筑的高出地面的建筑，非常适合雨水较多或比较潮湿的地方。

而在相对干燥和少雨的黄河流域，建造房屋就要简单得多。多数情况下都是直接在地面上建造房子，时代更早一点的甚至在地下挖出居住的空间。这全是拜气候干燥所赐。

尽管如此，村庄位置的选择还是颇有讲

究的。考古研究发现，关中渭河流域新石器时代村落的选址大都位于河流两岸的二级阶地上。这一现象绝非偶然，合乎逻辑的解释是：这种环境距离水源较近，而又不至于有水患之虞。

《诗经》中对公刘选择聚居地的描述可以作为参考：

笃公刘，	忠厚公刘志不凡，
逝波百泉，	来到众泉岸上边，
瞻波溥原。	放眼瞭望大平原。
乃陟南冈，	登上南面高山看，
乃觏于京。	发现京师好地盘。
京师之野，	京师原野多宽阔，
于时处处，	在此定居建家园，
于时庐旅，	在此居住把房盖，
于时言言，	在此尽情把话谈，
于时语语。	欢声笑语喜连天。

● **知识链接**

阶　地

由于河流的侵蚀和堆积作用而形成的沿河谷两岸伸展、高出洪水期水位的阶梯状地形。一般河谷中常形成一级或几级阶地，每一级阶地都是由阶地面和阶地坎组成。阶地面比较平坦，微向河流倾斜。阶地面以下为阶地陡坎，坡度较大。阶地高度一般指阶地面与河流平水期水面之间的垂直距离。阶地的级数由下而上顺序排列，高于河漫滩的最低一级阶地，称为一级阶地，向上依次为二级阶地、三级阶地等。在同一河谷横剖面上，阶地的相对年龄一般是低阶地新，高阶地老，阶地的海拔高度一般是从下游向上游增高。

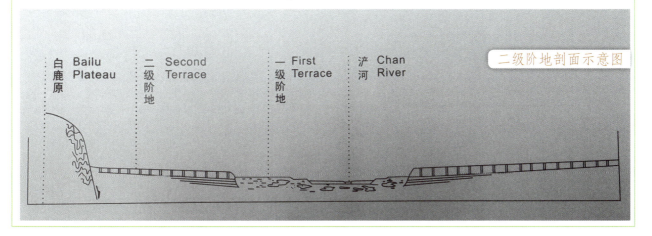

白鹿原 Bailu Plateau　二级阶地 Second Terrace　一级阶地 First Terrace　浐河 Chan River

二级阶地剖面示意图

第三节　生活生产巧安排
——村落的功能布局

　　选址的步骤完成之后，便是村落功能布局的安排。半坡聚落遗址东西最宽处近200米，南北最长为300余米，总面积约5万平方米。经勘探，居住区约占3万平方米，北部约1／5的面积已经被发掘。考古揭示的遗址分布——生活区、制陶区和墓葬区，清晰地体现了半坡人高超的规划能力：一条环状大围沟圈定的是居住区，大围沟之外，北边是墓葬区，东边是制陶区。

　　集中的公共墓地是原始氏族社会秩序的一种体现，将生前聚居生活的氏族成员集中在一起埋葬，反映了原始居民的某种信仰。事实上，这种居住区与墓葬区隔离的划分方法，是符合卫生条件要求的一个重大的进步。为了生产的便利而将陶窑集中为一区，反映了半坡人成熟的规划意识。关于制陶区和墓葬区的情况在后面会陆续提到，本章只介绍生活区的基本情况。

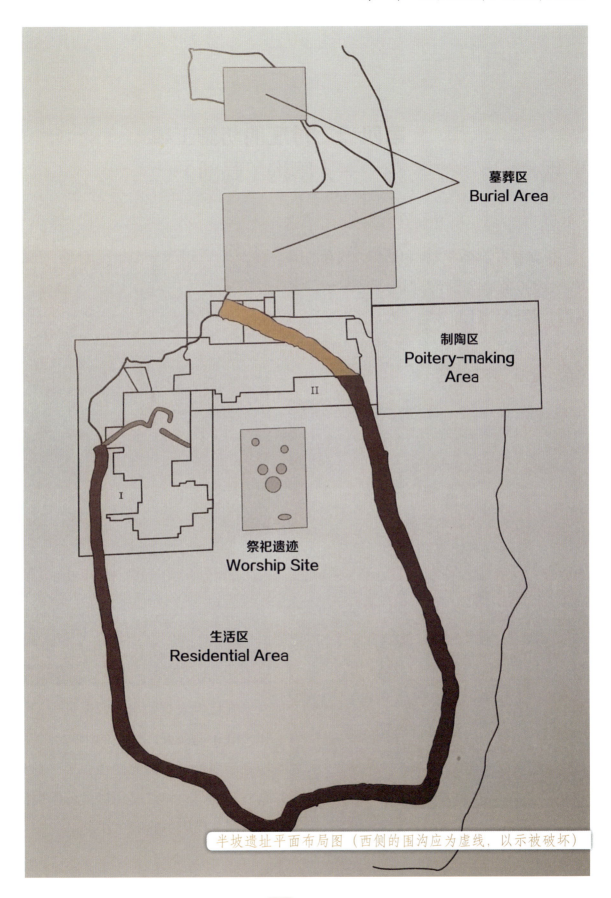

墓葬区
Burial Area

制陶区
Poitery-making
Area

祭祀遗迹
Worship Site

生活区
Residential Area

半坡遗址平面布局图（西侧的围沟应为虚线，以示被破坏）

第四节　村庄的防御工事
——大围沟（局部）

根据考古学家的发掘和钻探，残存的围沟总长300余米。已经发掘的部分显示，大围沟上宽下窄，上口宽6～8米，底部宽1～3米，深5～6米。对没有金属工具的史前人们来说，这是一项不小的工程。

居住区的小沟

村庄的防御工事——大围沟

在已经发掘的居住区遗址中，考古学家还发现了两条互不相连的小沟，其用途尚不明晰。对此的推测有两种：第一是为防止家畜外逃而设；第二是用以区分不同的氏族，或者同一氏族中的不同家族。

半坡村落复原模型

　　这是依据考古遗迹复原起来的半坡村落模型，从平面布局上，我们可以看到半坡遗址曾经是一座功能完整的原始村庄。如果我们将大围沟视为挖土形成的高墙，相对于沟底来说，它基本起到了后来的城墙的作用，使整个居住区近似一个"台城"。如此，则其防御功能就很明显了，这在缺乏火器和有效进攻武器的史前时期能有效地防御野兽或其他部族的侵袭。

　　从地形来看，大围沟可能兼做排洪的水沟。从模型上能看出，与居住区关系密切的水源、耕地、陶窑以及公共墓地都在大围沟之外，那么，半坡人是如何解决居住区与大围沟之外的交通问题的？换句话说，当时有桥梁之类的设施吗？

　　你可能已经注意到了，模型西部有一座通向大围沟之外的桥梁。考古学家作出这样的推断，也并非凭空猜测。首先，半坡人已经熟练地掌握了房屋建筑技术（下面会谈到），据此情况推测，架桥技术在此时应已被掌握。其次，也是最重要的，在大围沟北部的沟底曾发现三根直径约0.15米的炭化木柱痕迹，保存最长的有1.3米，三柱间距各在4米左右，这可能是沟北桥梁木构的遗存。据此，可以推测西边围沟上原来可能有桥。

第五节　营窟橧巢成往事
——方房子、圆房子的技术和社会内涵

《礼记·礼运》中这样描述远古时期的居住状况："昔者先王未有宫室，冬则居营窟，夏则居橧巢。""营窟"是说四周用垒土为窟而居，"橧巢"是说聚集柴木为巢而居，描述的是一幅迁徙无常的场景。半坡聚落中密布的建筑遗址告诉我们：半坡人已经告别了那个居无定所的时代。

（一）会议中心
——居住区最大的大房子

现如今，6000年前的房屋建筑已经荡然无存，想要一睹先民房屋的原貌是没有可能的了。好在经过考古学家和建筑史家的不懈努力和精诚团结，我们仍然有机会窥探半坡人房屋

一号大房子遗址

的基本面貌。

考古学家在居住区内发现了一座面积达160平方米的长方形房子遗迹，这座房子十分特殊。

位置特殊。就已发掘的居住区北部46座房子遗迹来看，入口基本为南向。据国外同类遗址遗迹民族学材料，环形布局约为民族聚落的典型规划，据此可以推测，遗址南部住房的门应北向。换句话说，这座大房子位于居住区的中央。这种向心的布局被在后来与半坡遗址相隔只有20余千米且文化面貌完全相同的姜寨遗址的发现所证实。

姜寨遗址村落复原图

粗壮的柱础。虽然这座大房子的西墙和北墙破坏严重，但是其他部分所留的柱础却很清晰。在房子东南和东北转角处留下来的柱洞一般直径在0.15米，最大的竟然达到了0.27米；深度最深的达0.7米。有些柱洞还有加固的泥圈。

特设的"附壁柱"。在北墙和南墙分布

一号房子东北角的墙壁和柱洞

有密集的附壁柱，有的紧贴墙壁，有的与墙壁之间有很小的缝隙，都用草泥土与墙壁粘合在一起。这种附壁柱对撑持屋顶能起到辅助作用。

坚实的墙面。残存的内墙有0.1～0.2米厚的泥层，用黄土加草筋、树枝和树叶制成，表

一号房子北壁的附壁柱堆积情况

一号房子东南角的墙壁

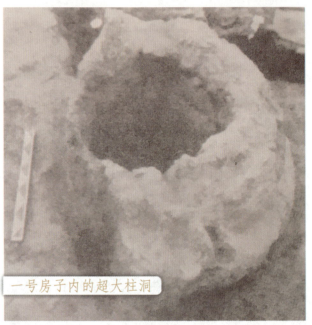

一号房子内的超大柱洞

面光滑平整，因用火烤过，所以非常结实。

房子内的超大柱洞。房子内一般都有支撑屋顶的柱子留下的柱洞，但一号房子内的柱洞有其特别之处。首先，直径超大，最大的一个直径达0.45米，是半坡遗址中发现的最大的柱洞。其次，柱洞不止一个，而且分布有规律。屋内西边两个柱洞位于一条南北直线上，东边靠南有一个柱洞残痕，以此类推，在东边靠北处还应有一个柱洞。根据以上分析，考古学家认为整个房子是一座由四根超大柱子支撑起来的大房子。

一号大房子复原图

地面以下的秘密。在这座大房子西边的地面之下，考古学家还发现了一个带盖的粗陶罐，在南壁下的白灰层中还发现了一个人头骨。这些特殊的现象都指向一个事实：这座房子曾经受到特别的关注，在半坡人的心中具有重要的地位。考古学家推测，这座房子是氏族成员共同的活动场所。

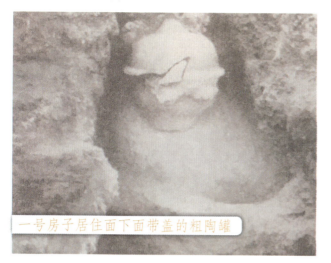

一号房子居住面下面带盖的粗陶罐

一号房子居住面下的人头骨

（二）众星拱月

——环绕在大房子四周的小房子

如前所述，半坡遗址中的小房子围绕中心的大房子作环形分布，全部面向广场开门。在客观上，这样的布局使约半数房子的日照、通风条件较差。这虽然使部分居住者的利益受损，但在突出氏族的公共利益，也就是保证大房子的中心地位面前显得微不足道，正好体现了集体生活是史前社会中的崇高原则——向心不仅仅是一种形式，更是力量的体现。

围绕大房子的建筑单体错落有致，考古学家在研究中发现了更多的信息。

（三）方圆规矩

——半坡人对建筑形式的娴熟把握

半坡遗址中出土的房屋遗址，从平面看分为方形和圆形两种，那么，这两种建筑形式，究竟哪一种在先？哪一种又更容易一些？这是一个暂时无法回答的问题。因为据已有的考古资料，无论是方形房子还是圆形房子，在半坡遗址的早晚期都有。从平面来看，两种房子的

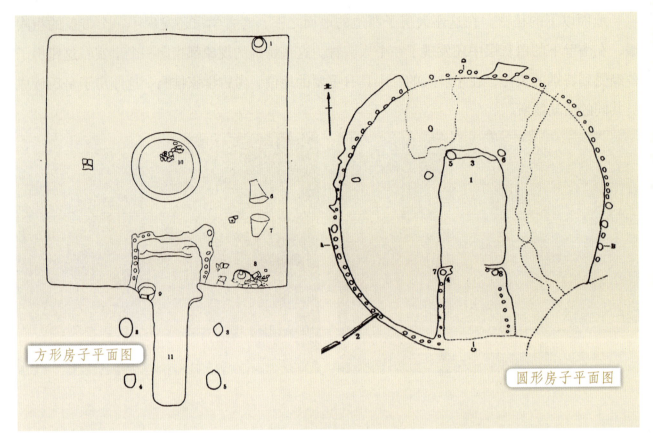

方形房子平面图

圆形房子平面图

共同之处很多：周边有明显的柱洞，屋内有支撑屋顶木柱留下的粗大柱洞，房子中心有用于做饭和取暖的灶坑。

　　不过仔细观察两种房子的平面图，我们会发现一个很有意思的现象：方形房子的门道位于房子的外面，而圆形房子的门道是缩进到屋内的。可见，半坡人在建筑形式上对方和圆的概念的把握是很娴熟的。

　　无论是方形房子还是圆形房子，又各有半地穴式和地面木架建筑两种形式。

方形半地穴式房屋遗迹

依据房屋遗迹复原起来的半地穴式方形房子

半地穴式方形房屋一般是向地下挖一个 0.4～0.8米深的方形大坑，以坑壁作墙壁，然后在墙壁上架起木椽，最后敷以草泥或铺上茅草。

复原的半地穴式方型房子剖面

半地穴居圆形房子遗迹

这座半穴居圆形房子内有六根柱子的遗迹，复原起来像一个倒覆的碗。比较起来，半穴居圆形房子的有效利用空间更大一些，

但是屋顶的排水问题如何解决却颇费思量。

值得一提的是，这座房子倒塌之后的状况被原封不动地保留了下来，不但为房屋的复原提供了可信的依据，而且屋内的遗留物也可以为我们提供了当时生活的一些信息。在这座房子中，共出土了粗陶罐1件，小罐5件，细泥圆底钵3件，石杵2件，陶锉、石斧、骨锥各1件。

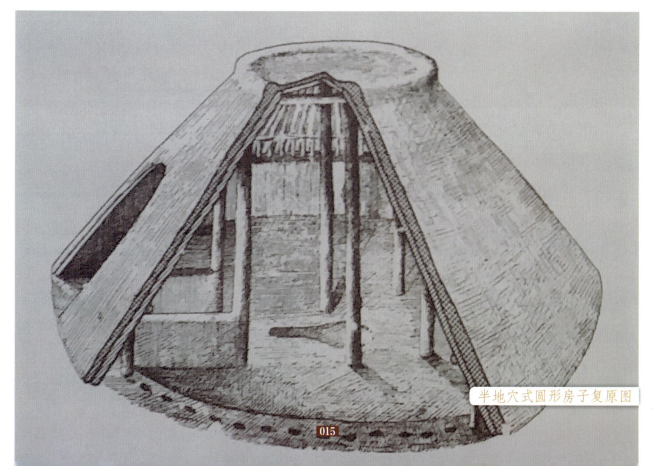

半地穴式圆形房子复原图

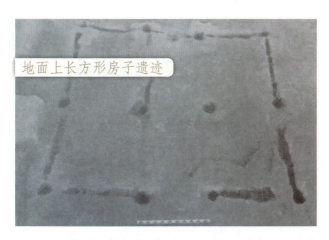
地面上长方形房子遗迹

传统的北方民居

这是一座在地面上构建的长方形房子。依据其遗留的排列整齐的3排共12个柱洞，考古学家和建筑学家将之复原为一座两面坡的房子，这很可能就是中国北方人字形两面坡房子的雏形。

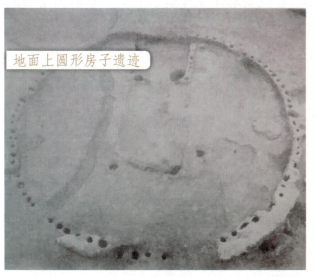
地面上圆形房子遗迹

地面上圆形房子复原图

这是一座典型的地面上木架建筑的圆形房子。依据留存的各种遗迹，复原起来是一座直壁尖锥顶的圆形房子，造型十分养眼。

需要说明的是，半坡人在这里居住的时间长达900余年，因此其房屋建筑并非同一时期建成，而是经历了不止一次的废弃和重建的过程。一处残留叠压的三座圆形房子的墙基柱洞，清楚地告诉我们，这里曾经多次被作为建筑的基础，屋内层叠的灶坑也叙述着沧桑的岁月。除此之外，似乎暗示这个地方得到半坡人特别的青睐。

> **知识链接**
>
> ### 叠压和打破
>
> 在考古学上，考古学家将一个堆积积压于另一个堆积的现象叫作叠压。将沟穴类遗迹在形成时破坏原来的堆积的现象叫作打破。叠压和打破是考古学家判断遗迹早晚先后的重要依据。

多次建造房屋遗迹

编号41号的方形房子焚毁遗迹全貌

好吧，现在来回答一个一直以来就使你感到困惑的问题：从房屋的基址为什么能推断出建筑的形状？靠谱吗？

基于建筑理论的推测，其说辞可能因为太专业而不受欢迎。这里只说两个直接的依据。

编号41的房屋遗迹是一座失火后废弃的房子的遗迹，留下的炭化橼痕约有20多根，基本呈现四周向中心倒置的状态，由此可知其屋顶大概呈四角攒尖的形状。考古学家和建筑学家正是依据这些迹象，将它复原成了一座带有门棚的四角攒尖式的房子。

如果这个证据还不够形象，那么这件陶屋模型会让你不再有什么怀疑。这是一件出土于西距西安半坡遗址不足100千米的武功县游凤遗址的房屋模型，形象真实地显示了新石器时代房屋建筑的特点。

武功县游凤遗址出土房屋模型

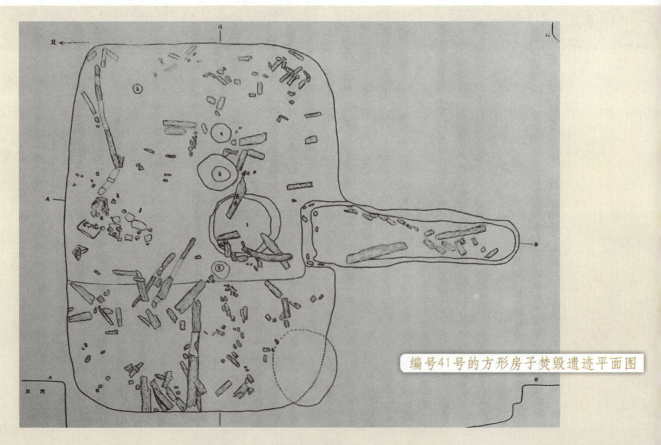

编号41号的方形房子焚毁遗迹平面图

（四）套路与创新
——自始至终的匠心

仔细地梳理当时半坡人的建筑技术，我们能体会到他们在技术进步中不懈努力的轨迹。

1. 大叉手与木骨泥墙

半穴居房子的建造是先就地削土形成"四壁"，然后在"四壁"之上利用树木枝干及其他植物茎叶构成顶部围护结构，这可以说是土木合构的中国古典建筑的雏形。

利用树木枝干作骨架，植物茎叶或外敷泥土作面层，构成竖穴顶部遮荫避雨、防风御寒的围护结构，这是一项重大的发明。在结构学上，说明人们已经开始掌握木构杆件架设空间结构的技术，出现了柱和椽，由交叉的长椽构成大叉手屋架。这也说明柱和椽是先于墙出现的。初期房屋没有墙体，侧部围护结构的"四壁"是削地而成。环绕居住区周围的大围沟，实际上也是削地而成的"围墙"（相对于沟底来说）。在土结构方面，远古先民在开始时还不掌握垒筑技术。增筑壁立的泥土结构，是在半穴居建造技术的启示下创造出来的，是从木骨泥墙开始的。

2. 栽柱暗础

在早期的房屋中，柱基并没有做特殊处理。在较晚的方形建筑中，柱基的处理方式有所改进，取质地细密的浅色泥土作柱坑回填土，其做法近似于三合土，黄土中似掺有石灰质材料，加水混凝，干结后会有较大的强度。还有在柱坑回填土中掺颗粒骨料的，如加入红烧土渣、碎骨片、加砂粗陶片等，这可以增强柱脚的固定性。有的柱洞底部垫有0.1米厚的粘土层，柱脚侧部斜置两块扁砾石用以加固，周围的回填土有分层夯筑迹象。这对于提高柱基的密实程度十分有效。

这种泥圈柱洞在遗址中出土较多，直径

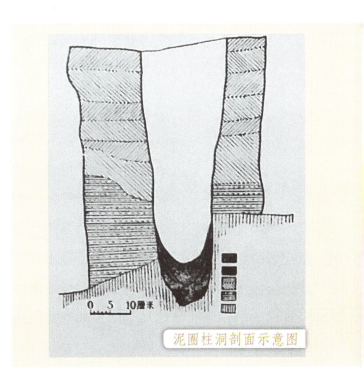

0　5　10厘米

泥圈柱洞剖面示意图

泥圈柱洞遗迹

一般在20厘米左右，深10～70厘米不等，泥圈厚度为4～17厘米。

这种柱洞很容易使人联想到中国古建筑中无所不在的柱础。

3. 防潮措施

由于土壤的毛细现象，水分会不断地上升到地表面，屋内地面的潮湿是可以想象的。《墨子》一书中就有"下润湿伤民"的记述，因此，我们推测探求防潮的办法可能在穴居时代就开始了。半坡时期已经出现了烧烤防潮工艺，因为考古学家发现半坡遗址房屋内的居住面、墙体甚至屋顶都有烧烤过的痕迹。

4. 排烟通风口——囱

囱是房屋顶部用于排烟通风的口子。从出土的遗迹判断，半坡遗址中时间稍晚的房屋顶部设有排烟通风口。此外，武功县游凤遗址出土的房屋模型也印证了囱的存在。

5. 原始的室内装修

半坡先民已经有了原始的室内装修意识。其实这并不难理解，黄土调水成泥，是一种天然的可塑性材料。对于已掌握制陶技术的半坡人来说，将其用到建筑上也是情理之中的事。例如，有的墙壁是用草泥土培起来的，表面除用手指直接压抹外，还用小的工具加以捶实，因而比较光滑平整。

（五）建造步骤

　　下面，让我们以图画的形式描述一下圆形房子的建造步骤。

（1）选择适当的建筑地点。

（2）设立木柱。

（3）架屋顶，涂草泥。

（4）烧烤地面，做防潮处理。

窖穴

（六）其他建筑遗址

1. 原始社会的储物库——窖穴

　　半坡遗址中发现了大大小小的窖穴200多个，多数密集地分布在居住区内，和房屋交错在一起。比较早期和晚期的窖穴，考古学家发现：早期的窖穴形式多样，晚期的窖穴则多数是口小底大的圆形袋状坑；早期的窖穴容积较小，晚期的窖穴容积加大，说明了生产水平的提高和生活资料的增多。

　　窖穴废弃之后往往成了生活垃圾的倾倒场所，其中出土的东西多是生活资料的残余，如兽骨、鱼骨、螺壳、果核等，还有一些生产工具或生活用具。甚至个别窖穴中还发现了人骨架，当是一种特殊情况。所以，考古学家又将这类遗迹称作"灰坑"。

编号129号窖穴内的堆积情形

灰　坑

灰坑，考古学术语，是古代人类留下的遗迹之一，其中包含物较之建筑遗迹、墓葬都更为丰富，包含了很多当时在此生活的人们有意或无意留下的物品，如陶器等。其特点是主要呈灰色，或者夹杂其他因有机物分解而形成的颜色，如褐色，土质较同一地点的其他土要软，主要由废弃的水井、窖穴等形成。

灰坑有可能是垃圾坑，也有可能是储物坑（或窖藏），有可能是祭祀坑，各种坑都有其成因。而且，灰坑有自然坑和人造坑之分，自然坑是人利用自然形成的灰坑来做垃圾坑、储物坑、祭祀坑，而人造的坑则是人本身挖的坑。

2. 圈栏，还是瞭望哨——两处没有居住痕迹的建筑遗址

在居住区北边靠近大围沟和两个小沟之间，考古学家发现了两个长条形的建筑遗迹，其中均未发现灶坑或居住面等居住遗迹，因此其用途尚不明。发掘者认为，有可能是饲养家畜的圈栏。有的研究者则根据其位于大围沟及小沟附近，认为其有可能是用于观察的瞭望哨。

圈栏遗迹

第六节　最早的风水？

在本章结束时，我们很愿意介绍一种解读半坡遗址建筑的新观点。有的风水理论研究者认为，风水文化早在原始社会末期就已经开始萌芽，因为6000多年前的半坡村庄已经是一个典型的风水例证。下面这两张示意图表达了这种观点的依据。当然，这种观点是否可信，还有待更多的资料来验证。我们更关注的是，半坡文化的先民是在一种怎样的环境中，用什么样的工具和技术，在怎样的精神状态下完成了文化的创造？

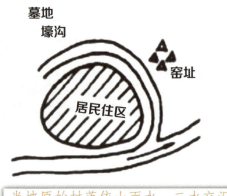

半坡原始村落依山面水、二水交汇合口风水形局

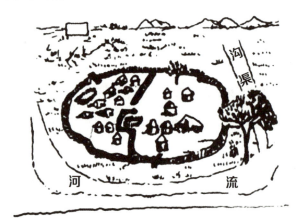

半坡原始村落平面布局图

第二章
工欲善其事，必先利其器
——那些引领时代的生产工具

到底是生产工具的繁复改变了人们的生活，还是人们的生活习惯改造了生产工具？这或许是一个不能一下子说明白的问题。但是，种类繁多的生产工具就在那里，这是一个事实。而且，越是深入研究这些工具，我们越是钦佩祖先的创造力。

不过，在探讨这些生产工具之前，我们必须强调一个事实：这些摆在我们面前的各式工具并不是半坡人所生产和使用的工具的全部。因为，我们看到的这个聚落遗址仅仅是数百年间生活废墟的堆积，而且考古学家发掘的面积也只占遗址总面积的五分之一。

便是已经见到的这些工具，限于时代和科技手段的局限，我们的解读和认识也是一个渐进的过程。换句话说，从新的角度和利用新的技术，或许还有可能获取更多的信息。

第一节　农业生产工具

定居生活开始后，农业是否发达，成为衡量一个地区经济发展水平的重要标志。黄河流域所具有的得天独厚的黄土堆积为原始农业提供了有利的自然条件，这已是人所共知的地理和历史知识。但是，身处黄河一级支流渭河流域的半坡村，其农业生产的具体状况如何，并不是这样抽象和笼统的这一句话所能表述清楚的。好在半坡遗址出土的有关农业方面的实物资料十分丰富，说明半坡氏族的原始农业已具相当的规模。最能体现

延伸阅读

黄土堆积的优良性

黄土堆积的优良性表现为土壤的肥沃性。首先是黄土颗粒精细，富有矿物质，生产力强，为农业发展提供了有利的条件；其次是土质疏松，雨水容易下渗，排水性好；最后是土壤富有立避性，具有毛细管作用，干旱时地下水容易上升，适于植物生长。

这一状况的是生产使用的工具，据统计，半坡遗址中共出土各种生产工具5275件，其中与农业有关的生产工具有735件。

（一）只几个石头磨过
——划时代的石器制造方法

仔细观察过旧石器和新石器的观众常常会发现：那些由坚硬岩石打击而成的尖状石器，从石核上敲击下来的石片石器，远比经过精细打磨加工而成的新石器锋利。于是问题来了，既然如此，新石器时代的人们为什么还要不遗余力地对石器进行打磨加工呢？

原始先民只留下这样一个现象，却未留下答案。目前较合理的推测只能是：进入新石器时代，人类结束长期的流浪的生活方式，定居成为一种常态。在这种情况下，工具重复使用的机会越来越多，过去随用随弃的习惯也慢慢发生了改变。由此带来的显著后果是：第一，大大降低了制作工具的成本。第二，为工具的改进提供了无限的可能性。这种改进，既包括改进粗劣的打击石器对使用者身体的伤害，又包括使用中顺手与否及改进的建议，更包括复合工具的诞生。总之，工具使用中的各式信息不断地通过使用者传递给工具制造者，工具的改进就在这种信息的反复传递中悄然地发生着。

> **知识链接**
>
> **《贺新郎·读史》**
>
> 毛泽东
>
> 人猿相揖别。只几个石头磨过，小儿时节。铜铁炉中翻火焰，为问何时猜得？不过几千寒热。人世难逢开口笑，上疆场彼此弯弓月。流遍了，郊原血。一篇读罢头飞雪，但记得斑斑点点，几行陈迹。五帝三皇神圣事，骗了无涯过客。

（二）生产工具种类的暗示

半坡人已经超越了直接向大自然索取生活资料——采集经济的阶段。得出这样的结论，并非毫无根据的臆想。工具种类的数量往往是社会分工的标志，也是社会发展程度的标志。

1. 斧、刀、锄、铲——种类繁多的石质生产工具

对于身处石器时代的人们来说，石头是难以取代的制作材料，虽然略显单调，但石质工具的造型的多样，展示了半坡人的创新能力。不仅如此，石器造型的多样化还暗示了生产活动和生活内容的丰富化。

（1）砍伐器和敲砸器

这两种石器主要由打制而成，保留了旧石器制作的工艺和风格。多数选用石片、扁平而厚重的砾石进行打制，一般只将一边打出锋刃，手持的部位并不打制。打制的石器在半坡遗址的早期出土较多，晚期则逐渐被磨制石器取代。

（2）石斧

这是数量最多的一种石器，达313件，大小不同，形状不一，有长方形的，有长条形扁平状的，还有凹腰带肩形的，以及带有钻孔形的。多数经过磨制，是其共同的特点。

钻孔石斧

石　斧

（3）石铲

可能是用来松土或翻地的，与石斧相比更扁薄，体形短宽，刃部锋利。一般的铲头有长方形和椭圆形两种样式，长约15厘米左右，宽约8～10厘米。

石　铲

（4）石锄

石锄大概是用以挖掘和锄草的工具，体长而尖细，有长条状的，也有扁平状的，一般长15～20厘米，多数是打制而成的。

石　锄

石　锄

（5）**石锛**

这种工具器身扁薄，刃部锋利，多数通体磨光，只有少部分是打制的。

石　锛

（6）**石凿**

这种工具一般保存都很完整，通体磨光，均成长条形。

石　凿

2."君子生非异也，善假于物也"
——复合工具的广泛使用

当木与石在绳索的帮助下结合在一起时，一种革命性的新式工具——复合工具就诞生了。

复合工具的诞生，其意义在于提高了工作的效率，减轻了工作的强度，从而提高了生产的质量。

● **知识链接**

荀子《劝学》

登高而招，臂非加长也，而见者远；顺风而呼，声非加疾也，而闻者彰。假舆马者，非利足也，而致千里；假舟楫者，非能水也，而绝江河。君子生非异也，善假于物也。

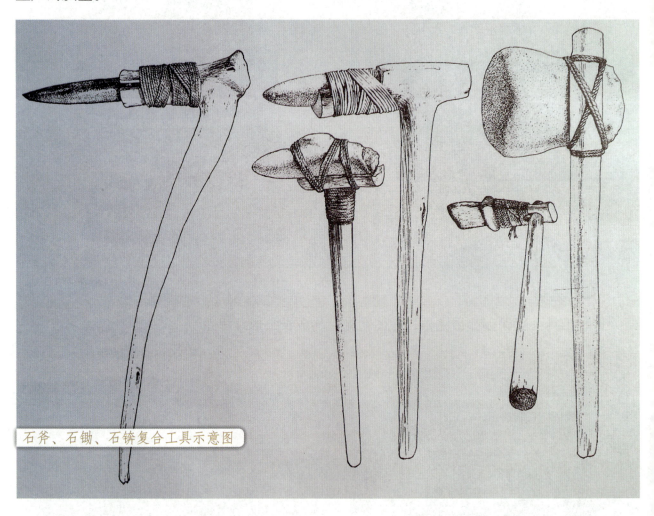

石斧、石锄、石锛复合工具示意图

这是石器和木质器柄组合的几种主要农业生产工具示意图。这种复原并不全是依赖民族学资料而作出的推测，半坡遗址出土的一些石斧、石锛的安柄系绳处都确留有系绳的痕迹。

安柄的复合工具不仅仅用于农业生产中，在渔猎、手工业等生产活动中也被广泛运用。

在河南省临汝市阎村出土的仰韶文化彩陶缸上，就有带柄穿孔石斧的生动图像。为深入了解斧、锛类工具的安柄和使用提供了可靠的例证。

半坡先民就是使用着这些石刀、石斧、石铲等工具砍伐森林，然后焚烧树木，借助烈火消灭杂草，熟化土壤，利用灰烬提供养分，进而播种作物。这种耕作法正如恩格斯所说："人消灭植物，是为了在这块腾出来的土地上播种五谷……因为他们知道这样可以得到多倍的收获。"

鹳鱼石斧图

砍倒烧光的原始农业

3. 磨制与钻孔——新石器时代石器制作的核心技术

任何事物的变化都是由量的渐变和积累，最终实现质变。旧石器向新石器的演变经历了漫长的300余万年的演变，身在其中的史前人类对这种渐变可能并没有多大的关注，可如果我们将百万年前的打制石器和6000年前的磨制石器放在一起对比，则差别立见。

洛南旧石器遗址出土手斧与半坡遗址磨制石斧的对比

纵览半坡出土的石质工具，可以明显看到两个方面的工艺特点，即磨制和钻孔。磨制工艺的普遍使用，使石器器形规整，并日趋定型化，提高了效用。而发达的钻孔工艺使装柄并进而制成复合工具成为可能，这是工具制作的巨大进步。

石器的制作一般分为选料、打割、修琢、磨光和钻孔等步骤。

（1）选料

从石器的数量和类别判断，半坡先民已能依照石器种类和用途的不同选择石料，一般是以硬度较大的玄武岩、石英岩制作石斧、石锛、石凿等，用硬度较小、易于成片剥离的变质岩等制作石镞、石刀等。

（2）打割

石料选好后，通过敲打、切割制成粗坯。切割技术的操作方法是在扁平的石材上，加砂蘸水，用木质的片状工具用力压、擦，从而切成沟状，然后击打，石材就会顺着沟缝断裂开来。

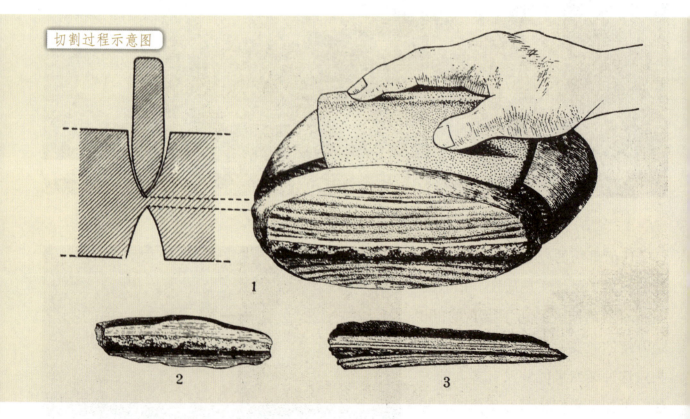

切割过程示意图

1

2　　　　3

（3）修琢

修琢是对粗坯通体整形、找平的工序，一般是用石锤，或者有硬尖的石质、骨质或角质的工具，将粗坯表面的棱角琢平整。

（4）磨光

磨光就是将修琢过的器物毛坯放在砺石（磨石）上研磨，为了加大摩擦力，往往在砺石上加砂蘸水磨制，最终制出表面光滑规整的石器。

（5）钻孔

并非所有的石器都需要钻孔，钻孔的目的是便于捆扎，使得石器能牢固地捆缚在木柄上，以制成复合工具。石器磨成特定规则的形状后，所钻的孔必须选在适当位置，以方便与木柄的对结，这对钻孔提出了很高的技术要求。精准的钻孔使磨制石器与打制的石器相比，大大提高了捆扎的可靠性和工具的效率。

钻孔的方法主要有石钻、管钻、琢钻和划孔法四种方法。

石钻法是在木棒一端装上石质钻头，这种钻头多由燧石等硬度较大的岩石制成。其方法是在需要钻孔的位置加放湿沙子，再用手掌或弓弦转动木棒，以达到钻孔目的。石钻法又分为直钻和对钻两种钻法。直钻法是从石器的一面单向直钻使之成孔的方式，所成之孔呈漏斗状。对钻法是先钻石器的一面，然后钻相对的另一面，使之对钻成孔，所成之孔的形状多为相对的漏斗状。

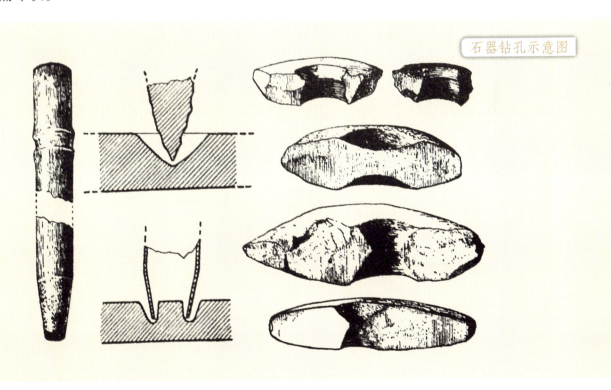

石器钻孔示意图

管钻法是用削尖边缘的细竹管或骨管进行钻孔的方法，所成之孔的形状多呈直筒状。这种钻法完成后，管中往往留有石芯。

琢钻法是用石锥的尖端抵住要穿孔的部位来回轻敲细琢，久之也可钻成一孔。这种钻法往往采取两面对钻的办法完成。

划孔法是用一种带有硬尖的工具，在石器的两面反复刻划，在石器表面形成一道两端细、中间粗的沟槽，最后因沟成孔。

还有两个问题是必须回答的：半坡石器用了哪些岩石做原料？这些岩石原料来自何处？

半坡石器所用的岩石原料非常丰富，有石英岩、砂岩等多达40种，其中片麻岩、石英岩、角闪片岩、石英角闪片岩、花岗片岩、煌斑岩、硅质片麻岩和绢云母石英片岩产自附近的翠华山、临潼及蓝田等地，其余大部分产于关中以西地区。换言之，半坡氏族所用的石质工具原料，只有一部分是就地取材，大部分由外地输入。这也从一个侧面说明，半坡氏族活动的范围以及与其他氏族间的交换是广泛存在的。

半坡村与关中西部相对地理位置示意图

第二节　狩猎和捕鱼生产工具

农业生产带来的稳定食物来源，使半坡氏族告别了"昼拾橡栗，暮栖树上"的靠寻找浆果果腹的日子，也不用再重复追逐野兽、迁移流徙的生活，但是这并不说明他们已经将祖祖辈辈传下来的渔猎工具刀枪入库，恰恰相反，从半坡遗址出土的质地和种类丰富的渔猎工具充分说明狩猎和捕鱼依然是半坡氏族重要的经济活动。

（一）与先民为伴的动物
——气候与环境的可靠证据

那些被捕获的动物，在被作成美味佳肴端上半坡人的饭桌之后，仍然没有最终完成自己的使命：食余的动物骨骼被弃之后，在灰坑中埋藏了6000年又幸运地被发掘出来，向今天的人们证明了当时的气候状况。这一点对半坡人来说，可以说是意料之外的事。

对半坡遗址中出土的动物骨骼进行整理分析之后，研究人员得出结论，有斑鹿、獐、竹鼠、野兔、短尾兔、狸、羚羊7种。这些动物骨骼的发现数量很多，尤其是獐和竹鼠，加之以遗址中存在的箭镞和矛头等狩猎工具的发现，因此考古学家认为这些动物都是被狩猎的野生动物。

1. 斑鹿

遗址中出土的斑鹿骨骼以鹿角为多，且破损残缺严重，眉叉以上较远的主干全都没有保留。

右图所示的这一件斑鹿角的不同寻常之处是其有明显的加工痕迹：在眉叉基部砍去主干，留下不整齐的平面，适于把握，眉

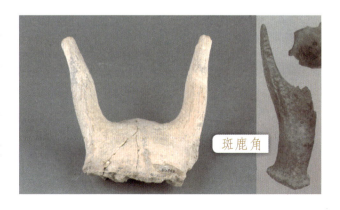

斑鹿角

叉两侧由上到下有很多的砍削痕迹，使用部位可能是眉叉的尖端，砍削的目的在于削平眉叉，使尖端更为锐利。眉叉前侧有清楚的磨光痕迹，似为长期用力摩擦的结果。这样一件生产工具，在当时用于挖掘根茎、草皮、菌类等，应该是很适用的。

斑鹿右蹠骨

现代斑鹿

除了斑鹿角，遗址中还发现了肱骨、股骨、肩胛骨等斑鹿的体骨。这些体骨几乎没有完整的，全部是只保存了两端，上边有砸击的痕迹，显然是当时的人为了食用骨髓而砸的，因为被砸破的大部分是肱骨、股骨、胫骨等有骨髓的骨骼，而没有或骨髓较少的骨骼则不是这样砸破的。

现代斑鹿分布于华北、华南和东北各地，说明在6000年前半坡这里有森林及丘陵，气候和现在的华北没有多大区别。

值得注意的是，斑鹿属于较大型的动物，而且善于奔跑。捕获此类动物在当时不是一件容易的事情，除了群体的力量，弓箭和长矛等狩猎工具是功不可没的。

2. 獐

在半坡遗址的房子内部特别是灶坑附近，室外的灰坑内，到处都有獐的骨骼的踪影，且常常和猪的骨骼共存。这充分说明，在半坡人食用肉类的菜单上，獐是仅次于猪的动物。

当前獐分布于长江下游的沼泽地带，考古学家据此推测当时半坡附近有沼泽地带和高大的草丛，气候也比现在温暖湿润一些。

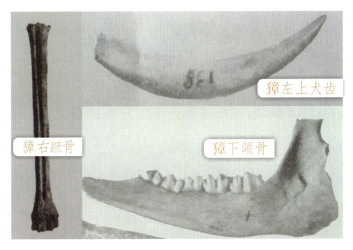

獐右蹠骨　獐左上犬齿　獐下颌骨

3. 竹鼠

竹鼠以竹笋和竹根为食，生活在长江流域及其以南地区，今天西安附近已经没有这种动物。半坡遗址中出现的大量竹鼠骨骼，说明当时这里附近一定有大片的竹林，否则竹鼠难以生存。而竹林的存在则说明当时的气候比现在要温暖湿润，这与獐的存在指示了相同的气候。

现代獐及生存环境

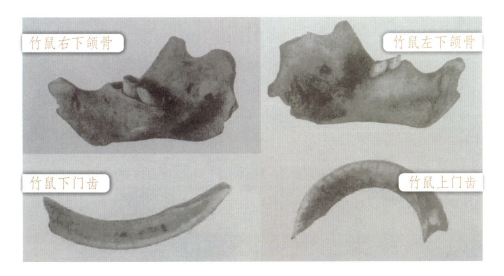

竹鼠右下颌骨　竹鼠左下颌骨　竹鼠下门齿　竹鼠上门齿

4. 其他

野兔、短尾兔、狸及羚羊的骨骼发现都较少，说明这些动物不是半坡人的主要狩猎对象，只能证明这些物种的存在而已。

除了陆地动物，河流中游弋的鱼应该也是半坡人捕食的主要对象，遗址中出土的为数不少的捕鱼工具能够证实这一点，只是鱼类骨骼纤细，不易保留下来，以至于今天难觅其踪而已。

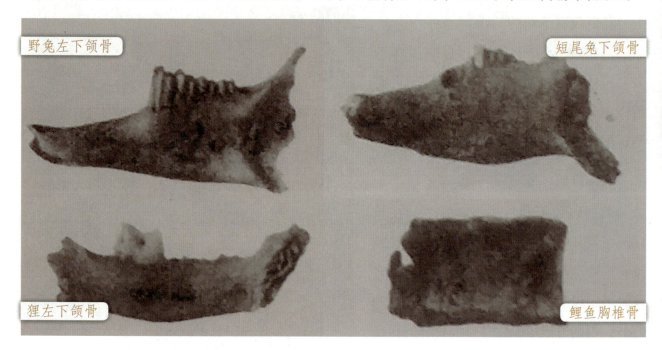

野兔左下颌骨

短尾兔下颌骨

狸左下颌骨

鲤鱼胸椎骨

（二）渔猎工具

——堪称神品的巧思

现在，我们该领略一下半坡人充满奇思妙想的渔猎工具了。

半坡人在工具制造方面的能力和水平，在渔猎工具中再一次大放异彩。渔猎工具出土的数量与农业工具不相上下，材质的种类更为丰富，除了石质外，还有骨质、角质等。不过，令人印象深刻的还是制造方面表现出的智慧，无论是材料选取方面的以材拟形、材尽其用，还是工艺方面的精雕细刻，都表现出令人惊讶的灵性和痴迷。

1. 箭头——弓箭普遍使用的证据

弓箭的发明是人类技术的一大进步。摩尔根在《古代社会》一书中，将人类历史的发展分为蒙昧时代、野蛮时代和文明时代，这是开创性的研究成果。他根据生活资料生产的进步，又把蒙昧时代和野蛮时代各分为低级阶段、中级阶段和高级阶段。恩格斯在其重要的著作《家庭、私有制和国家的起源》采纳了这种分期方法，并认为蒙昧时代的高级阶段是从弓箭的发明开始的。他写道，"弓、弦、箭已经是很复杂的工具，发明这些工具需要有长期积累的经验和较发达的智力"，"弓箭对于蒙昧时代，正如铁器对于野蛮时代和火器对于文明时代一样，乃是决定性的武器"。恩格斯作出这样的判断是有道理的，因为有了弓箭，猎物成了通常的食物，而打猎也成了常规的劳动。

弓箭是由弓（由有弹性的弓臂和有韧性的弓弦构成）和箭（由箭头、箭杆构成）两部分组成的复合工具，这种复杂的复合工具说明人们已经懂得利用机械存储起来的能量。当人们用力拉弦迫使弓体变形时，就把自身的能量储存进去了；松手释弦，弓体迅速恢复原状，同时把存进的能量猛烈地释放出来，遂将搭在弦上的箭有力地弹射出去。这种对机械能量的利用，使弓箭成为获取食物的有力帮手。中国古代脍炙人口的后羿射日的传说将工具的巨大威力演绎到了极致。

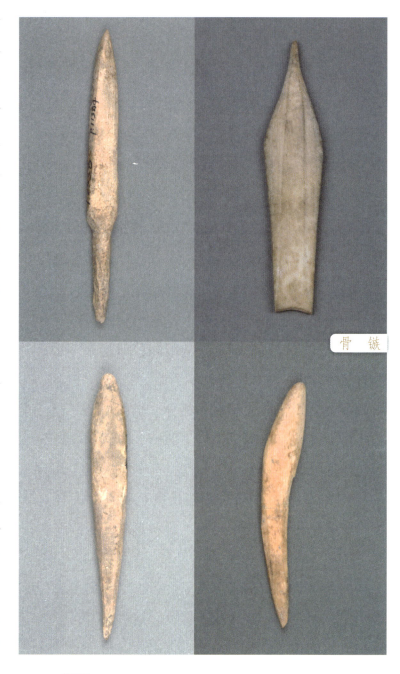

骨　镞

由于时代的久远，史前时期人们使用的完整的弓箭已难觅其踪，弓臂、弓弦和箭杆早已荡然无存，我们今天只能从这些形状各异的箭头（镞）来想象先民狩猎时的英姿。半坡遗址中出土的箭头共288件，其中骨质的282件，石质的只有6件。骨质的箭头不但数量多，而且形状种类繁多，应该是骨质箭头的使用要比石质箭头效果好很

石 镞

多，否则不会如此备受青睐。

从整体来看，骨质箭头有圆柱状、柳叶形、三角形、带翼形等形状。这些形状的选择应该是受到材料本身形状的限制，但是，结合箭铤的形状分析，可能不会那么简单。

箭铤是箭头装入箭杆的部分。半坡遗址出土的骨箭头有扁铤、尖铤、凹铤、宽铤、短铤等区别，特别是铤部长度占箭头总长度的比例很不一致，有的铤部长度远远超过尖部，有的则恰好相反。除了材料形状的因素，应该还有别的考虑。

有些带翼的箭头，两翼向后折去，与铤部形成一个锐角，就变成了倒刺。这种设置是更先进的技术，射中动物身体之后，由于

带翼的箭头

倒钩的作用，箭头无法脱离身体，即便动物不能立即倒毙，也挣扎不了许久。

　　还有一点也是肯定的，带翼的箭头有助于确保箭头的稳定性，同时，由于与空气接触面较大，在速度的配合下发出的声音足以令动物们胆颤心惊。或许正是考虑到这个原因，有的研究者认为弓箭的发明或许与音乐的起源有某种关系，如英国科技史家贝尔纳曾说："弓弦弹出的汪汪粗音可能是弦乐器的起源。所以弓对于音乐的科学方面和音乐的艺术方面，都有贡献。"

2. 矛头

　　矛是冷兵器时代使用时间最长的进攻性武器，其最原始的形态是用来狩猎的前端修尖的木棒。到了新石器时代，人们逐渐发现用石头、兽骨制成矛头，绑在长木柄前端，组成复合性工具，其杀伤效能更大。半坡遗址中也发现了用石头和鹿角制造的矛头。

　　下图这种形状窄长、尖利的石矛头是当时的典型形状，其中一件的中部有段，两侧留有明显的系痕，将其组装方式清晰地告诉了我们。

石矛头

2. 用作猎具的石球和陶球——飞石索

半坡遗址中还出土了为数不少的石球和陶球。

石球的制法大体是将石料打成粗形再稍加修琢，小的石球则用小的圆石直接磨制而成。这种石球很有可能是作为狩猎工具的飞石索的主要部件。这种飞石索在民族学资料和岩画资料中屡见不鲜，其制作方法是用绳索、藤条将石球固定，另一端握在狩猎者手里。旋转绳索带动穿孔石作圆周运动，旋转到最高速时，狩猎者将手握的绳索放开，让穿孔石沿切线方向飞出，产生惊人的速度和力量来击中捕猎物。

而器形较小的陶球极有可能是当时作为玩具使用的。在一座小孩墓中就出土了用作随葬的陶球和石球，可以作为一个例证。

石 球

陶 球

3. 捕鱼的工具

（1）鱼叉

鱼叉由骨和角两种材质制成，因而保存状况较好，根据形状可分为单钩式和双钩式两种。

鱼叉的制作非常讲究，几乎都是磨制而成的，少数是削制而成。在单钩式的鱼叉中，倒钩有的位于鱼叉头部，有的位于中部，可能与原材料有关系。

双钩式鱼叉因鱼叉两侧各有一倒钩而得名。两侧倒钩有的对称，有的并不对称，可见其制作时也是因材塑形的。有一件鱼叉竟有双排倒钩，显示了半坡工匠高超的原材料把控能力。

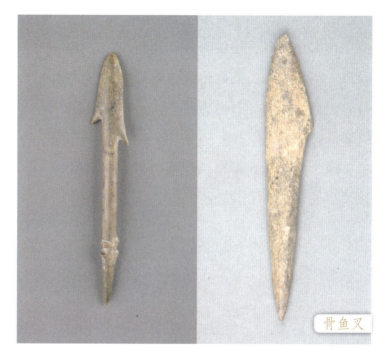

骨鱼叉

单钩式鱼叉和双钩式鱼叉在使用上略有区别，前者往往将鱼叉的叉柄固定于叉杆上使用，所以又称连柄鱼叉，后者并不将叉柄固定于叉杆上，所以又称脱柄鱼叉。

（2）鱼钩

鱼钩全部是骨质的，共发现9件，虽数量不多，但各个制作精巧。部分钩尖还有倒钩，与现代同类钓鱼工具相比，除了质地不同，技术上已经可以说难分伯仲了。

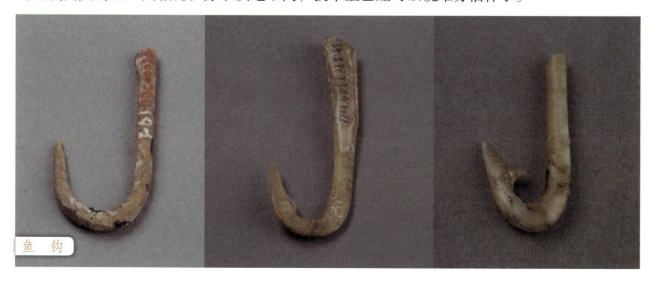

鱼钩

（3）网坠

网坠的数量较大，几乎占全部渔猎工具数量的一半，网坠的材质全是石料，都是选择小块扁平的砾石加工而成。其制作方法很简单，将整块砾石的两边或两端打出缺口即可。也有的是将砾石劈为两半，再在两边打出缺口。

陶网坠是系在拖网底部的，对于提高捕鱼技术具有重要作用。

石网坠使用示意图

石网坠

第三节　丰富多彩的手工业工具

手工业从农业中分离出来，被视作史前社会一次影响巨大的分工。氏族公社中的一部分成员，不再兼任农业生产劳动，而专职从事手工业加工、制造特定产品，如制陶业、纺织业、丝绸染整业、酿酒业等。有的研究者提出，应在"石器时代"和"青铜器时代"之间必须划分出一个"陶器时代"。

虽然这种学术观点的被接受可能还需时日，但新石器时代发达的手工业取得的惊人成就已被史前考古的实践所证明，半坡遗址出土的手工业工具便是较早的一个证据。

半坡遗址中发现的手工业工具有纺轮、骨针、锥子、骨凿、尖状器、两端器及研磨器7类。

（一）纺轮
——告别"未有麻丝、衣其羽皮"的时代

纺轮的出现证明了纺织手工业的存在。原始的纺织手工业是由"纺"和"织"两部分组成的。将植物纤维松解，然后再把多根拈合成纱线，便称作"纺"。纺轮正是拈线的工具。

纺轮有石制和陶制两种，使用的方法是一致的，即用木制缚杆插进纺轮，加以固定。然

陶纺轮

后将麻丝等纤维缠在缚杆一端。用力捻动木缚杆，使纺轮转动，缠在缚杆一端的纤维线头向上牵拉，木缚杆和石纺轮的旋转力使拉细的纤维拈成麻花状，由多股纤维绩成一股纱线。

（二）穿针引线
——生活就这样越来越精致

1. 骨针

半坡遗址中出土了骨针281枚。

针，古作"箴"。许慎在《说文解字》中说："箴，缀衣箴也。从竹，咸声。"从中国古代造字的规律来看，针一定是和竹或木有关系的。或者说，在骨针之前还有竹针或木针存在过。

数量可观的骨针的发现，说明其在改善先民衣着方面起到了十分重要的作用。

骨针的规格大小不一，最长的约16厘米，直径最小的不足2毫米，针孔约0.5毫米。针孔如此之细，足见当时必定已有相应的细线。

有一些针在针孔断缺后还继续钻孔使用。

骨 针

骨针中只有11件没有钻孔，这种骨针往往有用于系线的凹口。

2. 锥子

骨锥

从出土的生产工具看，锥子数量多，质地品类也多。遗址中出土石锥、陶锥、骨锥、角锥共计715件，其中骨锥最多，数量达606件。数量如此多的锥子，究竟是做什么的？除了陶器上留下的整齐的锥刺纹，我们还不能知道其全部用途，一些圆柱形和细长条形的骨锥有可能兼做发笄也未可知。

数量占据绝大多数的骨锥，让考古学家体会到了半坡人在材料选择方面的讲究，除了性能方面的考量，经济合算也是重要的指标，因为骨质锥子不但性能良好，也充分利用了食余的兽类骨骼，真是一举两得之举。

3. 骨凿

骨凿一般用骨片或一段带节的骨管作成，制造方法是刮削和磨制兼用。遗址中共出土77件，保存完整的约占1/3。

骨凿

4. 两端器

两端器出土110件，全部为骨质，因其两端皆尖而名之。就形状看，有两端皆尖，也有一端尖锐、另一端作扁平状的。两端器可能是制陶时锥刺或刻划纹饰时使用的工具。

两端器

5. 研磨器

研磨器由磨臼、磨石两部分组成，均为石质，是研磨颜料的工具。半坡遗址中大量精美彩绘陶器的出土，使这种研磨颜料工具的发现成为顺理成章的事情。在有的磨臼底部与磨石上有纤细的摩擦痕迹和遗留有红色颜料的痕迹，更使其功能得到确认。

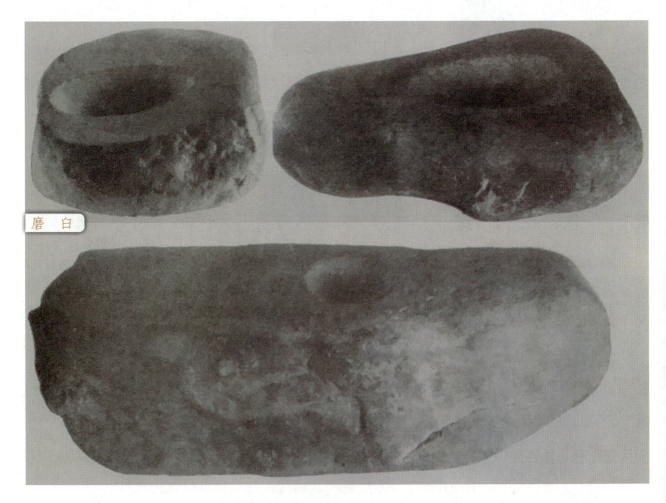

磨 臼

磨石

（三）石砚

——升级版的研磨器，还是史前第一块砚台？

砚台起源于新石器时代的研磨器，这已成为学界共识。但是砚台定形于何时，在书法艺术界却是一个长期争论悬而未决的问题。

石砚台

2002年至2004年，在为改建半坡遗址保护大厅而进行的随工清理中，工作人员发现了这件石砚。其造型与以往所发现的研磨器完全不同，在一块不规则的长方形砂岩上中部和另一侧有一横一竖两个椭圆形砚池。更为重要的是，石砚中部横向的砚池底部及边沿处有被长期磨擦并使用过的痕迹，而另一侧的竖向砚池边沿很完整，由此可以判断，中部横向的砚池主要是用于研磨颜料，另一侧的竖向砚池则是稀释颜料以及搽笔的地方。两个砚池内至今还残留有红色颜料的痕迹，这些都与以往所发现的研磨器有所区别。

后世的砚台渐渐规范，一般认为由砚堂、砚边、砚侧、砚池、砚岗、砚额、砚背、砚面八部分组成。照此标准，半坡遗址出土的这件石砚似乎还不能完全达标，但是就"可以存储墨汁"这一核心功能而言，称作砚台应该是名副其实的。

半坡遗址石砚的出土，引发学者们的进一步研究。在对以往出土的相关材料进行重新审视后，研究者发现类似的实物囿于以往的认识而被忽视了。因为，在临潼姜寨和宝鸡北首岭都曾出现过这样的器物，细细审视，其形态与半坡遗址石砚异曲同工，其功能亦无两样，均可视作石砚。

值得一提的是，在半坡遗址发现之后，王冶秋先生就提出遗址中出土的研磨颜料的工具可能是砚的祖形，这种敏锐的洞察力被半个世纪以后的考古发现所证实，可谓真知灼见。

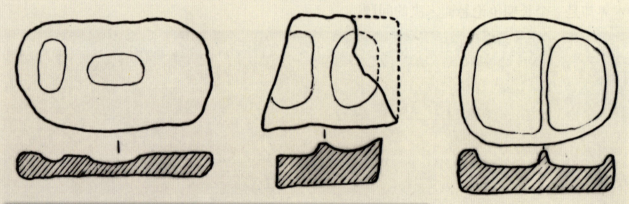

半坡遗址石砚与姜寨遗址和北首岭遗址出土石砚的平面图、剖面图

第二章　衣钵万世
——隐藏在陶器上的生活密码

在人类进化过程中，曾经经历了漫长的茹毛饮血的时代，直到火的发现和使用，以及由此带来的熟食，才造就了人类身体素质的快速变化，并带来了对世界的新感知。

火的使用，在人类历史上第一次改变了物质的化学性质，从而导致了陶器的诞生，这对人类来说是划时代的。

已有的考古学知识告诉我们，陶器的产生大约发生在距今约10000年前，到了半坡时期，陶器已经存在了约4000年，那么，半坡陶器有何过人之处，或者说创新之处？这正是史前考古学需要解决的问题。事实上，史前考古学家已经给出了确切的答案：半坡遗址由发掘初期一个独立的遗址，进而形成一个文化类型的代表——仰韶文化半坡类型，再到单独指代一种新石器时代文化——半坡文化的过程，既体现了半坡遗址文化内涵的丰富性，又反映了考古研究不断深入和认识不断深化的过程。而在这一过程中，陶器的研究始终起到了关键作用。

第一节　盆盆罐罐才是家
——陶器为代表的生活用具

定居生活的稳定，物质生产的丰富，使半坡人的生活朝着更加精细化的方向发展，表现出来的就是陶器的种类越来越丰富，功能越来越细化。

半坡遗址中发掘和收集到的陶片达50万片以上，完整的和能够复原的器物将近1000件。从生活实际需要的角度，可以分为炊器、饮食器、水器和储藏器四大类，每类之下都包含用途不一的器皿，每一器皿又有器形大小的区别，琳琅满目，蔚为壮观。

（一）炊器

炊器是专门用来加工食物的器物，而陶器中耐火力强，即受热而又不会炸裂者，非加砂陶莫属。先民们早就明白了这个道理，所以，今天我们看到炊器全部是用粗砂或细砂制作而成的。目前，已发现的炊器有釜、鼎、罐、甑等。

鼎	釜	罐	甑

（续表）

鼎	釜	罐	甑
		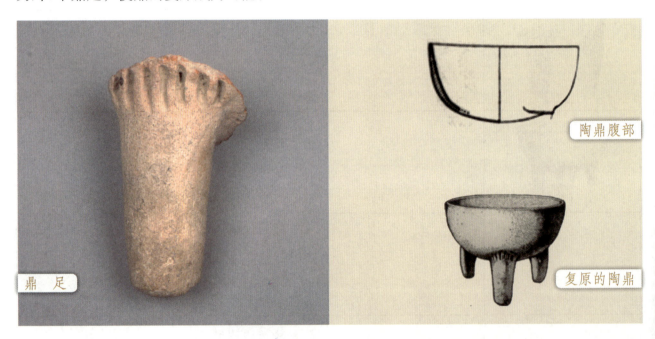	

陶鼎的出土很少，只发现了部分口部和腹部残片，但腹部残片上遗留的断足残痕以及另外3个鼎足，使鼎的复原成为可能。

鼎足

陶鼎腹部

复原的陶鼎

陶釜仅发现一件腰部残块，幸运的是依据这件部位残块恰好能够将器形复原起来。

鼎和釜的发现数量很少，应该与此类器物在实际生活中使用较多而容易损坏有关。另外，这种器物也不作为随葬品使用，留存下来的机会就更少了。

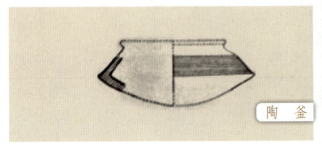

陶釜

用作炊器的陶罐则数量巨大，器形丰富多彩，其特点是敞口，腹部外鼓。罐体的上部都装饰有弦纹或斜线纹，有的还有附加堆纹。这类陶罐的外面往往有烟熏的痕迹，底部周围则形成一层灰黑色的烟迹。

陶罐

陶甑的发现，是半坡人已经能够利用蒸汽的见证，尽管这种利用最初可能是无意识的，但这种器物的出现是半坡人基于对生活的长期观察和总结应该是无疑的。陶甑最特别之处就是在底部设计了一些小孔，这种带孔的器底是后来箅子的雏形，其功能是既能让蒸汽通过进而蒸熟食物，同时不致谷米下漏。这种器物和后来的陶甗、铜甗一脉相承。许慎在《说文解字》中对其作用进行了说明："箅，蔽也，所以蔽甑底。"清代段玉裁进一步解释道："甑者，蒸饭之器，底有七孔，必以竹席蔽之，米乃不漏。"

陶甑（侧视）　　　　　　　　　　　　陶甑（俯视）

（二）饮食器

　　饮食器在生活用器中数量最大，品类最多，其质地绝大部分是用细泥制成，制作精美，其中部分器物绘有各种彩绘纹饰。从工艺角度讲，饮食器是半坡陶器中的精品，代表了半坡制陶技术的高峰。

钵	碗	盆	豆	皿	杯	盂	盘

（续表）

钵	碗	盆	豆	皿	杯	盂	盘

1. 陶钵

提到陶钵，很容易使人联想到出家人托钵乞食的情景。出家人修行，能放下一切世俗的名利与欲望，唯独吃饭的钵不能放下。人活着就要吃饭，不吃饭就会饿死，"钵"是成就一切善根的前提，这就是出家人钵不离身的原因。

其实，钵这种饮食器在黄河流域新石器时代的遗址中是极其普遍的，在半坡遗址中就发现了7种类型、大小不同的18个样式的陶钵，反映了其在史前人类生活中的重要性和无可替代的地位。

陶　钵

2. 陶碗

陶碗已经和今天我们所用的金属碗、瓷碗完全相同了。斜壁向上的大口和厚实并向外扩出的底部，使碗的特点形象毕现。有的碗底周边被做成锯齿状或纽丝状，显然是为了便于握持，这种做法越到后来越多见，说明这种造型获得了使用者的认可，最终成为碗的千古不变的型式。

陶　碗

3. 陶盆

陶盆的数量和种类与陶钵以及作为炊器和储藏器的陶罐一样可观。中国民间一向用"锅碗瓢盆""盆盆罐罐"来形容百姓生活，溯及史前人类的饮食生活，我们发现这样的描述其实是其来有自。

陶　盆

4. 陶豆

这是一种形似高脚杯的器物，是用于盛放食物的。到了青铜时代，这种器物成为礼器，而变得显赫和高贵起来。

陶豆

（三）水器

水器分为尖底器（包括打水用的小口细颈尖底瓶和储水用的大口尖底器）、长颈壶、带流罐和用于储水的陶缸。

尖底器	长颈壶	带流罐	缸

1. 小口尖底瓶

优美的流线型设计，谜一般的使用方式，使小口尖底瓶成为半坡遗址中最有代表性的器物。

小口尖底瓶

2. 大口尖底器

这种敞口鼓腹的尖底器，除用于储水之外，也可能还有其他用途。

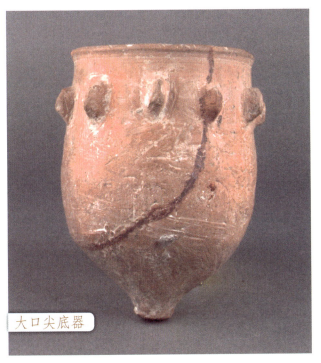

大口尖底器

3. 长颈壶

长颈壶造型优美、制作精巧，在半坡遗址出土陶器中最具美感。

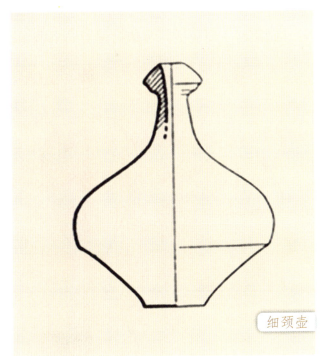

细颈壶

4. 带流罐

"流"的本意是水道和水流动的意思，后来将各种容器内液体所由流出的嘴称作"流"，形象地概括了水流动和水道的原意。

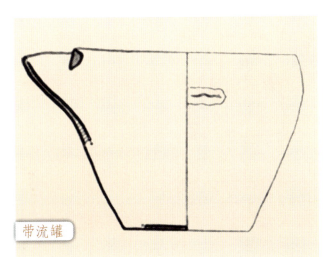

带流罐

5. 陶缸

这类陶器一般多为细砂硬质陶，器型较大。

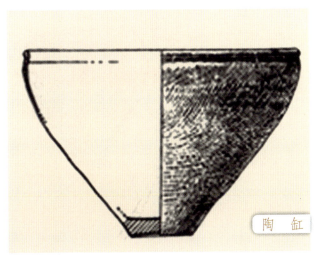

陶缸

（四）储藏器

储藏器主要包括储藏植物种子的小型陶罐和储藏粮食的大型陶瓮。

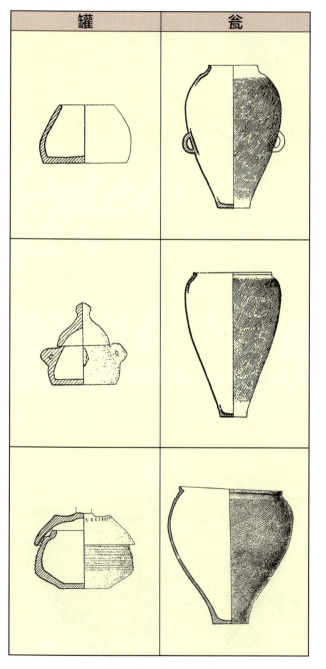

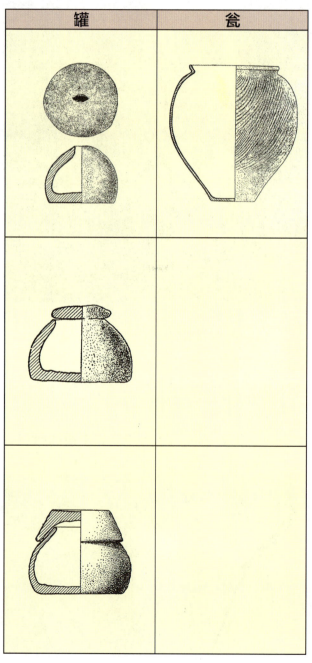

1. 陶罐

我们在谈到炊器时曾经见到过陶罐的影子，作为储藏器的陶罐，一则器形较小，二则没有用火烧过的痕迹，这是与作为炊器使用的陶罐的区别。半坡遗址出土了数量可观的小型陶罐，它们都是用来储藏植物的种子？这也不太符合情理，哪有那么多种子呢？合理的推论只能是这些陶罐还有别的用途。目前可以确定的是，这些小型陶罐并不是饮食器，因为多数为粗砂和细砂制成，一些用细泥制成的陶罐外壁装饰有锥刺纹等，它们并不适合作为饮食器使用。所以，在作出更加合乎情理的判断之前，先将这些陶罐列入储藏器，大抵无错。

考古学家发现了一个很有意思的现象：半坡人似乎对植物种子的储藏非常重视，以至于专门制作了这种小型罐子用于储藏谷物或菜籽的种子。

桃形陶罐，罐口呈枣核状，器壁很厚，器表光滑，出土时里面装有菜籽。

带盖的储存罐，其中一件用一个器皿作为盖子，在里面发现了保存完好的粟粒；另一件是在一个灰坑的壁龛上发现的，罐顶是一个饼状的盖子，存放在这个位置，其重要性和隐秘性的含义是明确的。

储藏着菜籽的陶罐

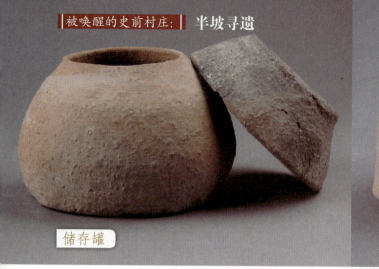

储存罐

2. 陶瓮

这种器物一般体形较大，主要用作储藏粮食或其他东西。在一个陶瓮中发现有白色灰末，应是所储藏东西的残迹。敞口的陶瓮也用作小孩死后的葬具，瓮棺葬的名称即由此而来。

陶 瓮

3. 陶器座

半坡遗址还出土了一种环状器物，其特点是两面相通，形状相同。推测其可能是用作器座的，这也为尖底瓶一类器物的放置方法找到了一种合理的解释。

陶器座

需要说明的是，对陶器用途的分析是相对的，每一种器物的用途都是按照需要而有所不同，有的本身就兼具不同的使用功能，如陶罐可作为炊器，也可作为储藏器；有的则是在不同时期有不同的用途，如陶瓮是生活用具，也可能作为葬具。

（五）陶窑

品类如此丰富、造型如此多样的陶器是如何烧制出来的呢？

在已经发掘的遗址中，共发现了6座陶窑，大体上可以分为横穴窑和竖穴窑两种形式。横穴窑的时间较早，竖穴窑的时间相对晚一些。两种陶窑的窑室均较小，由火膛、火道、火眼和窑室等几部分组成。陶窑的体积不是很大，大的陶器每窑只能烧1～2件，小一些的陶器一般每窑能烧3～5件，特别小的陶器每窑能烧10余件。

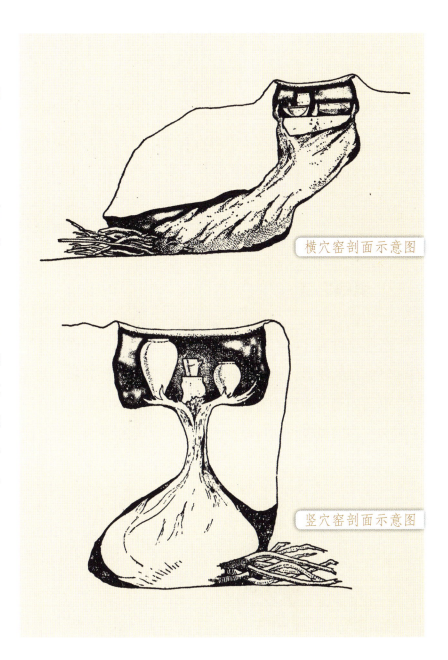

横穴窑剖面示意图

竖穴窑剖面示意图

第二节 无所不在的弧线
——半坡人生活中的艺术范

如果说繁复的生活器具所体现的功能的多样化是半坡人生活多样化的反映，那么，半坡陶器造型的多样化则体现了半坡人在制陶技艺方面的造诣和艺术风范。实用功能是陶器制作的最初的原动力，但是半坡的制陶工匠将陶器的实用功能与美观兼顾，可谓是匠心独运、得心应手。

（一）弧线之美

虽然半坡人还没有"圆上任意两点间的部分叫作圆弧"这样的数学概念，但回想一下我们已经见过的陶器，他们在陶钵、陶盆、陶罐等器物上对弧线的把握和运用，是不是十分老到？单独面对个体器物时，这种感觉可能并不清晰，让我们对比一下尖底器上的弧线，弧线的饱满、不同弧线相切变换造成的曲线，无不潇洒流畅，收放自如。

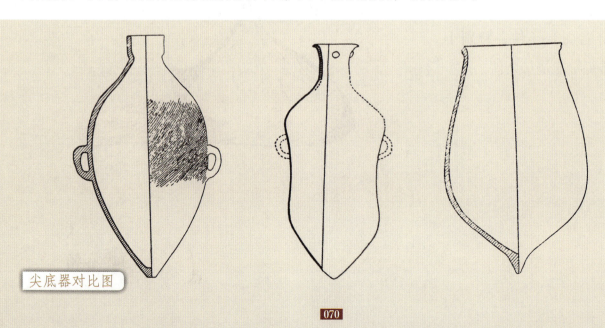

尖底器对比图

（二）"底线"之变

考古学家描述陶器时，喜欢由上到下比照人体的部位来叙述，如头、口、耳、颈、肩、腹、底（足）等，这种拟人化的方式形象易懂，也便于交流。细细观察，半坡工匠对陶器底部的处理也是变化多端，有尖底、圜底、平底和圈底等种类。然而在这种种的变化中，却有一条不变的法则：将实用和审美进行到底。

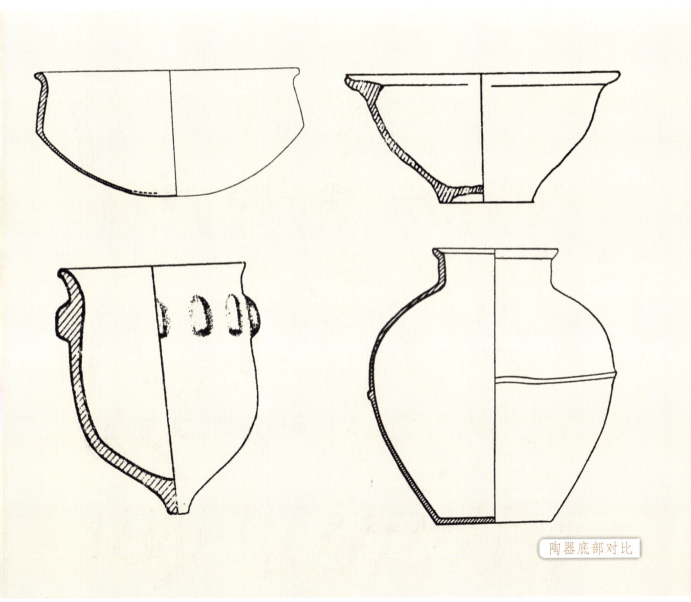

陶器底部对比

（三）细节之妙

对陶器细部的关注也体现了半坡人的审美追求，如在陶器口沿、耳、流、把手、盖钮等器物局部附属造型方面特别留意，使之成为陶器整体的重要组成部分。

陶器口沿有敞口、侈口、直口、敛口、尖唇、平唇、卷唇、圆唇、重沿唇等将近70种不同的塑造形式，流的造型有利于控制水的用量、速度，耳用于系绳以方便悬挂携带，而把手、盖钮则便于器物的提拿抓握，对陶器局部造型的特别关注，是长期定居之后生活质量逐步提高而对陶器功能质量的必然要求。

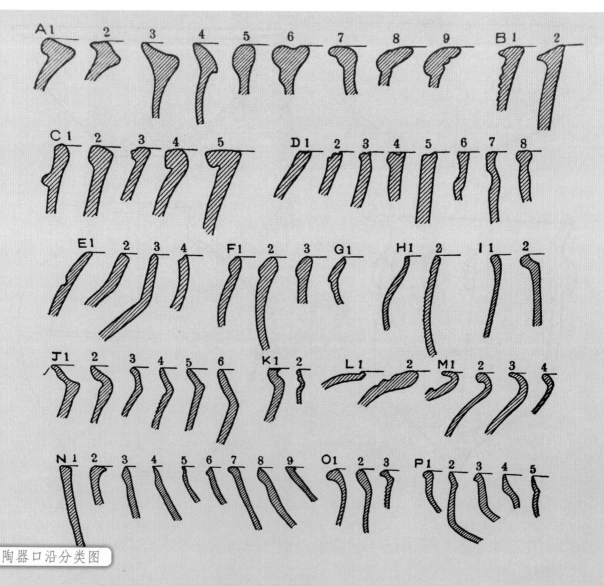

陶器口沿分类图

第三节　饱食暖衣
——吃什么？穿什么？如何加工？

在前一章讨论渔猎工具时，已经介绍了在半坡遗址中发现有斑鹿、獐、竹鼠、野兔、短尾兔、狸、羚羊等动物及鱼类的骨骼，不过，较之这些野生动物骨骼，在半坡遗址中发现更多的是猪的骨骼。这很容易使人联想到动物的驯养，这也是很自然的事，因为驯养是狩猎生产剩余后的自然结果。我国是世界上最早驯养动物的国家之一，半坡遗址中出土的动物骨骼也证实了这一结论。如果说野生动物骨骼的发现道出了半坡时代的自然环境，那么家畜的存在则直接反映了半坡人驯化动物的能力。

（一）六畜寻迹

《三字经》中说："马牛羊，鸡犬豕。此六畜，人所饲。"根据动物考古的研究结果，六畜的被饲养并不是同时发生的，半坡遗址出土的动物骨骼也与这一结论相吻合。

在已经发掘的半坡遗址中，猪骨的分布最广泛，举凡房子内部、灰坑都有发现，包括枕骨、下颌骨和肢骨等。下颌骨上保存着不完全的牙齿，保存有乳齿的占绝大多数。肢骨一

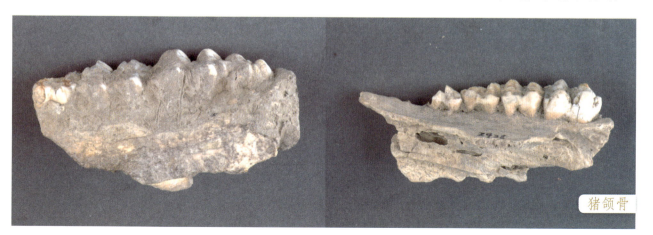

猪颌骨

般都不完整，有的只剩关节部分，更多的是只剩下两端。大量年幼标本和被敲碎的肢骨的存在，说明食肉和吸髓是半坡人的主要饮食方式。

半坡遗址中发现的圈栏遗迹，也证明了饲养活动的存在。

狗是人类最早驯养的动物，但半坡遗址中发现的狗的骨骼数量却没有猪的骨骼数量多，想必是狗作为人类最早的朋友，更多地承担着随行打猎和守护家园的任务，而不像专门为提供肉食的猪那样会随时被宰杀。

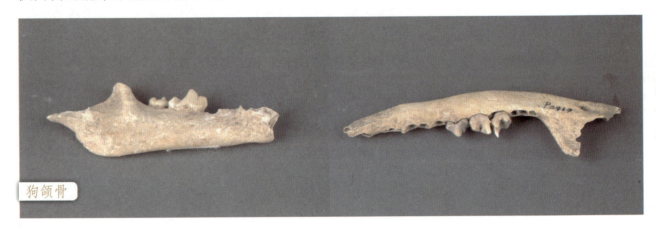

狗颌骨

牛、马、羊、鸡的骨骼都比较少，说明这些动物人工饲养的程度还很低。

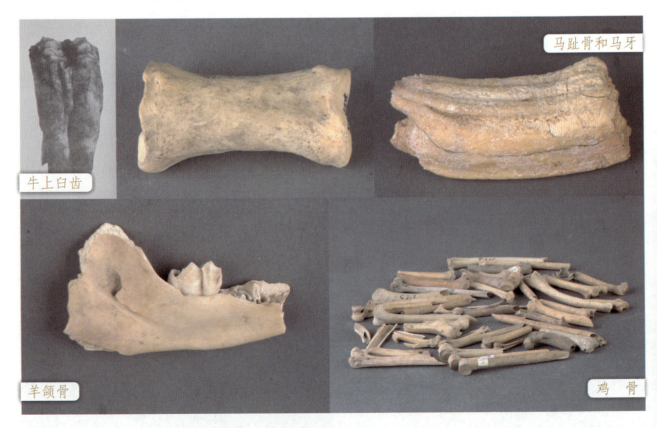

马趾骨和马牙

牛上白齿

羊颌骨

鸡骨

　　野生动物和饲养家畜骨骼的存在，证明肉食是半坡人的一项主要食物来源。半坡遗址中出土的刮削兽皮或切割肉类的骨凿、骨刀、蚌刀，以及大量石质和陶制的成品及半成品的刮割器（数量达3996件），使我们可以想象到，半坡人辛劳一天之后围坐在灶火边大快朵颐的情景。

骨刀

蚌刀

骨凿

刮割器

（二）家有余粮心不慌

——半坡氏族的粮食储藏

定居生活的实现，必须以稳定的农业生产为前提和保障。半坡遗址中的一些迹象说明当时的粮食生产是很有保障的。

1. 地窖

在半坡遗址已经发掘的约1/5的区域内，发现了200多个地窖，这一数据和在同样面积内发现的46座房屋遗迹相比，在数量上具有明显的优势。考虑到这些专门用于储藏的窖穴密集

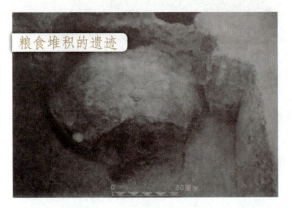

粮食堆积的遗迹

分布在居住区内，且和房屋交错相处，我们有理由相信这是半坡人的储物库。

其中一个圆形的袋状窖穴除了坑壁用细腻的黄土涂抹之外，坑底周围还有一圈小浅槽，应当是特别的设计。更重要的是，在遗址中发现了粮食堆积的遗迹，粮食腐朽后形成的壳灰呈灰白色的半透明状，厚达18厘米。

🔘 **知识链接**

孝感动天——舜帝与仓廪的故事

"孝感动天"是二十四孝故事中的第一个，舜是一个很孝顺的孩子，但是后妈和父亲、弟弟想尽一切办法，欲致其于死地。舜则在一次次逃过迫害之后，依然对父母孝敬如初，这让上苍都十分感动。司马迁在《史记》中写道："瞽叟尚复欲杀之，使舜上涂廪，瞽叟从下纵火焚廪。舜乃以两笠自捍而下，去，得不死。"

故事发生在传说的五帝时代，与半坡氏族生活的时代相去不远。这个故事给我们提供了当时的一些生活细节：用于储藏的仓库——廪，已经是很普遍的生活设施；那时还没有瓦，所以仓廪的顶部需要经常地"涂"——用泥巴进行维修。这让我们联想到半坡氏族的地窖和木骨泥墙的房屋建筑，其时代精神和建筑风格竟如此吻合。

2. 碾磨器——粮食加工工具及其方法

史前时期粮食的加工方式是什么？《易经》里说："断木为杵，掘地为臼。"《说文解字》也说："古者掘地为臼，其后穿木石。"意思是说，在地上挖个坑当臼，以木棒为杵，就直接开始舂米活动了。简单是简单，但舂出来的米的质量可想而知。

半坡氏族的粮食加工工具是碾磨器，包括石磨盘、石磨棒和磨石。

碾磨器用料讲究，有些还是经过磨制加工。石磨盘是用砂岩或花岗片麻岩制成。最大的一件长达48厘米。其中一件石磨盘的中部磨蚀程度很深，形成深约1.5厘米的圆凹面，可见其使用时间之长。石磨棒用圆柱形的砾石制成，两端修整成尖圆形。磨石是选择扁圆的砾石制成的，一般比较厚重，利用其一面或两面进行碾磨。

碾磨器

石杵是用于舂捣的工具，有的呈椭圆形，有的为圆柱形。在椭圆形的石杵中，有些在一面凿有便于握持的窝穴。石杵的一端或两端都有因舂捣而形成的麻面，说明使用的时间也是很长的。

石　杵

碾磨器使用示意图

独龙族人用木碓研磨谷物
（《民族画报》王耀知摄）

半坡氏族的粮食加工方法，是先把谷物放进石磨盘之中，然后手执石磨棒或磨石进行反复的碾磨，既可脱壳，又能磨碎。这种原始的粮食加工方式，直到20世纪四五十年代在高黎贡山上生活着的独龙族人那里还有孑遗。

3. 半坡人的厨房

从已经发掘的遗址中，还没有能够说明半坡人有专门厨房的证明。大家还记得每个房屋中都有的那个灶坑吗？熊熊燃烧的灶坑周边就是半坡人的厨房，他们的居住空间兼具卧室和厨房的功能。

半坡人将脱壳的粟米或煮糊粥，或蒸干饭，均为家常之事。遗址中出土的烧水的陶罐、煮饭的釜鼎、蒸熟食物的陶甑，以及各种陶钵、陶碗等，都是当时人制作的享用美食的器具。

蒸煮之外，烧烤也是可以想象的实物制作方法。石兴邦先生认为，磨碎的谷粉可能是半坡人用来烤饼吃的。他在《半坡氏族公社》一书中说，遗址东北发现有一个口小底大的烧坑，其口径为0.5米，底径稍大，但也不到1米，深也为0.5米。坑壁周围除有一圈（层）细泥，烧烤坚硬，无烟熏痕迹。粟米饼贴在四周壁上，中间生火烘烤。现今西北地区的少数民族也使用类似的烤饼法。

这种做法史有所书，《礼记》记载："神农时，民方食谷，释米加烧石上而食之。"其做法是："以炮、以蟠、以亨（烹），以为醴酪。"又载："燔黍，以黍米加于烧石之上，燔之使熟也。"陕西关中一带享有盛名的石子馍，可能就是这种"石烹"遗风的发展。

关中传统面食品石子馍

（三）　编与织的印痕

　　——织女时代的到来

　　战国时期的政论家韩非子在其著名的政论散文《五蠹》中这样写道："古者丈夫不耕，草木之实足食也；妇人不织，禽兽之皮足衣也。"也许，韩非子只是为了引出自己的观点而进行的假托，未必不知道远古时期人们食"草木之实"和衣"禽兽之皮"不是"丈夫不耕"和"妇人不织"，而是耕种和纺织在那时候还没被发明出来。

　　半坡人已经开始了穿衣织布的纺织活动，这应该是确定无疑的。前述各式纺轮以及穿孔骨针等器物的存在，暗示着纺织、编制技术的成熟，以及半坡人生活质量的不断改善。

　　不仅如此，半坡人无意之间将纺织和编织的作品留在了陶器的底部，成为今天我们窥探其纺织和编织技术的最有力证据。

印有席纹的陶器

印有布纹的陶器

　　在半坡遗址出土的陶器上发现的纹饰中，多数是为了装饰陶器而刻意为之。只有编织纹例外，这种纹饰是在陶器制作过程中遗留下来的。陶坯成形后还需晾干，才能入窑烧制，在这个过程中，用来作为垫子的席子、布制品等编织物的纹路就印在了陶器底部，陶器烧成后就形成了编织纹。编织纹不是为了装饰陶器，但是扮美生活的目的也是明确的，只是没有借助编织物本身留存下来，而无意中让陶器成为其传播的介质，也算是造物神奇之处。真是有心栽花花不开，无心插柳柳成荫。

编织纹包括席纹和布纹两种，在半坡遗址中共发现100多个标本，有些保留在完整的器物底部，多数则留存于陶器残片上。

布纹的标本较少，有粗布纹，也有细布纹，细的有如后来的帆布。较之布纹，席纹的数量多，种类也很丰富。就近观察一下半坡人的编制作品，其中表现出来的心的灵动和手的飞舞犹在眼前。

仔细梳理其编织的方法，可以分为四种。

1. 斜纹编织法

这种编织方法的器物最多，其特点是经线和纬线垂直相交，纬线下穿两根或数根经线而成，所织成的纹样呈斜交状。斜纹编织可以分为人字纹编织法、辫纹平直相交法和条带式编织法。

（1）人字纹编织法

其特点是经线和纬线都是扁条状，粗细相同，彼此穿过或压下两条或三条，依次推移而成，其纹样与现在的芦席一样。

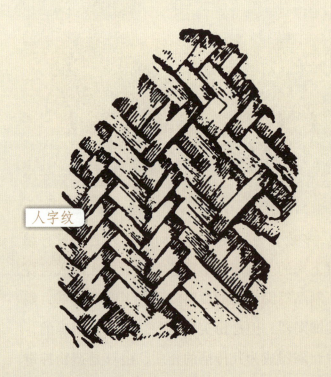

人字纹

（2）辫纹平直相交法

这种方法是经线和纬线互相交错，经线每穿过纬线5条，压纬线1条。相邻的上面显出的两条经线则穿过1条纬线，压一条纬线；纬线则穿过两条经线，压5条经线；经线依次向右推移，纬线依次向左推移。

辫纹平直相交法

（3）条带式编织法

这种方法与人字纹编织法类同，只是所用的经线为一根一根的圆柱状的草茎或枝条，纬线则为宽扁的薄条。

这种编织法形成的纹样有下列几种：

经线与纬线每隔两节交互叠压，纬线宽，经线细。

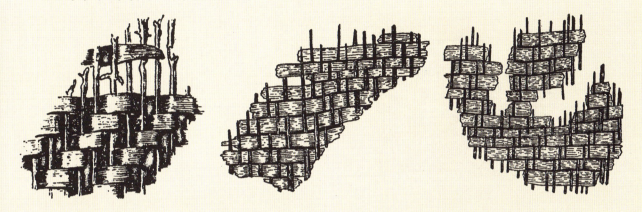

纬线每穿过经线两根，压下两根，而经线则穿过一条纬线，再压下两条纬线。

纬线每穿过一根经线，压两根经线而经线每穿过两条纬线则压一根纬线。

2. 缠结编织法

这种编织法是由纬线绕经线，即用纬线穿过经线一根、压两根，并编绕后面一根，后一根则缠压前一条所压之后面的一根，编出的纹样呈斜交人字纹。

缠结编织法

3. 绞缠法

这种方法用于布的编织，大体上先将经线正好，然后将两条纬线绞穿经线而成，其绞穿工具可能是骨针一类的东西，其纹样有明显的相互绞缠的痕迹。

4. 棋盘格或间格纹编织法

这种编织法是经纬两线垂直相交，互相相间压穿而成。

棋盘格或间格纹编织法

说到编织，不能不提到的一个问题就是绳线的捻结法。半坡遗址中出土陶质和石质的纺轮有52件，就是捻结绳线的工具。

一般将粗的叫绳子，细的叫线。根据陶器表面所装饰的绳纹和陶器底部留下来的布纹，从这些痕迹来观察，最粗的绳子直径约4毫米，最细的线纹约0.5毫米，几乎和今天普通的丝线差不多，纹痕都相当清楚，说明当时纺线和捻结绳子的技术已经有很高的水平了。

至于纺线和捻结绳子的原料，没有任何确切的材料以资说明，目前学者推测可能是大麻一类的东西，而兽毛也许偶尔作为纺织的原料来用。

半坡遗址出土陶器上的编织纹如此繁复和变化多端，其手工技艺足以令人称奇。不过，考虑到半坡人已经具有的精湛的制陶技艺和彩陶绘画成就，一切也就很好理解了，因为艺术的发展不但和整个社会的发展水平相关，各种艺术品种之间也是相互影响、借鉴和协同发展的。半坡人在绘制彩陶方面的艺术造诣也必然地会对纺织品的加工产生影响。

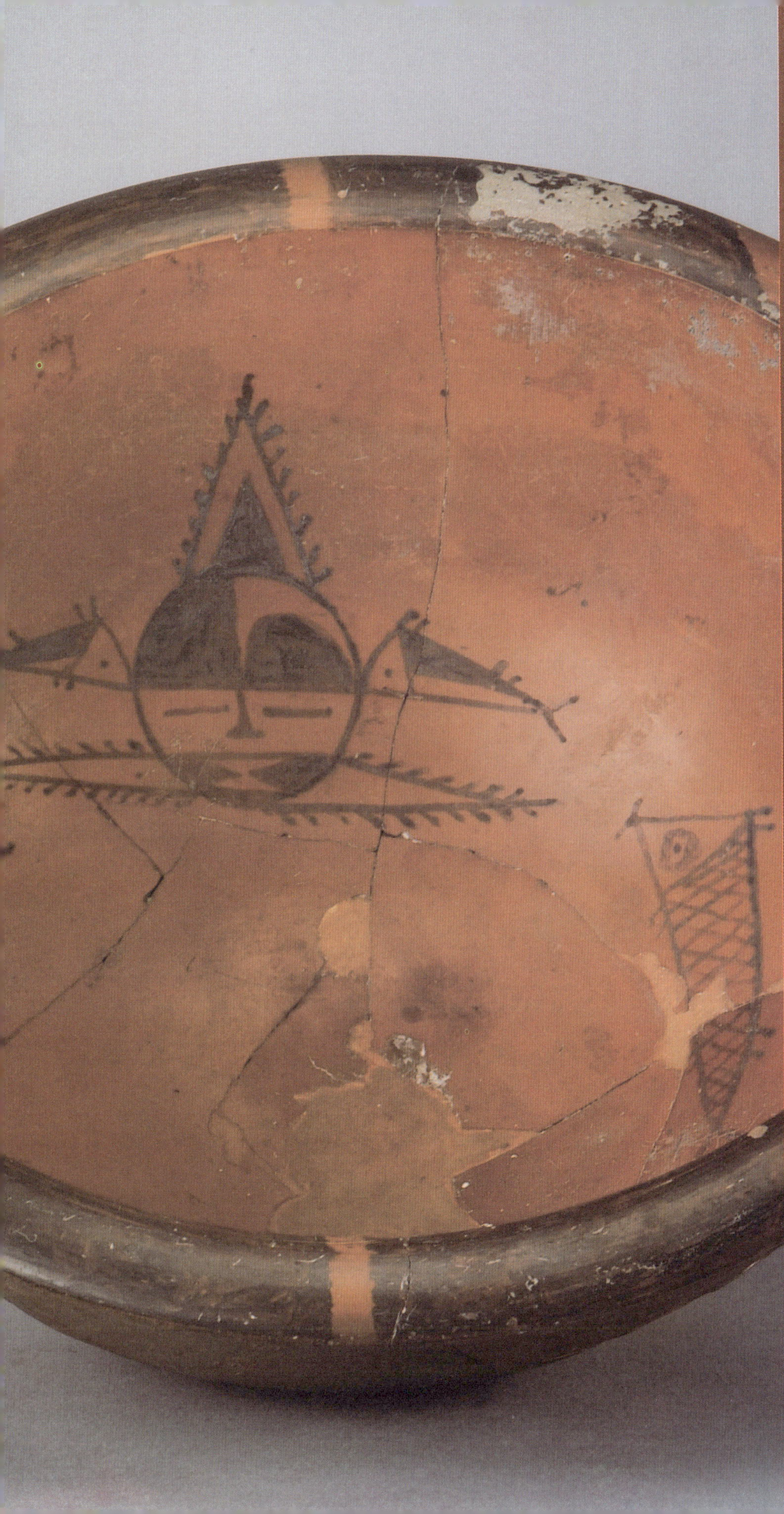

第四章 浸染在原始艺术中的精神世界

曾几何时，我们对原始人的生活状态尤其是精神生活方面，顽固地停留在"茹毛饮血"的认识阶段，但是事实上越来越多的史前遗址发现证明这种认识是盲目的、不靠谱的。很多文化现象至今无法解释，要想依靠现代科技完全走进原始人的精神世界仍然还是一道未解难题。

正因为如此，我们会发现考古学家和文化史学家所描述的原始人的精神世界是那么地捉摸不定，又是那么地勾起人们持续的探索欲望。

在以前各章，我们已经或多或少地涉及到了半坡先民的精神世界。在这里，我们再进行一次更深入的探讨。说"更深入"，其实并没有多少底气，更多的还只能是一种揣度。有人可能会问为什么会用"揣度"一词？很简单，因为我们只能揣度。一方面，半坡时代还没有产生文字，半坡先民的思想和精神世界都是依靠符号和图画来表达和传递的。另一方面，半坡先民那些看来随心所欲的作品包含了太多的信息，以至于我们很难一下子直抵他们的内心世界。

第一节　纹饰

半坡人在陶器造型方面的造诣已如前述，如果说陶器造型的丰富只是满足了实际功能的需求，那么在陶器表面进行的装饰则体现了半坡人扮美生活的能力和令人惊讶的想象力。

首先，纹饰的种类非常丰富。考古学家对半坡遗址出土陶器上的纹饰进行了分类，计有绳纹、线纹、弦纹、剔刺纹、篮纹、剔刮纹、编织纹、附加堆纹8类。实际上，远不止这些，仅就剔刺纹一类来说，还可分为三角形纹、方形纹、锥形纹、方条纹、指甲纹等10种。

其次，这些纹饰并非随意饰于器物之上，而是根据陶器器形、质地的特点以及部位的不同分饰不同的纹饰。这样，器型的多样与纹饰的反复相互组合，展示出一个斑斓多姿的陶器世界。

以下是考古学家对半坡陶器上几种纹饰的分析，这将引导你从一个独特的角度进入半坡人的真实生活。

（一）绳纹

绳纹

绳纹是半坡遗址出土陶器上的一种主要纹饰，其方法是在陶拍上缠上草、藤之类绳子，在坯体上拍印而成，有纵、横、斜等形式，可分为粗绳纹和细绳纹两种、其中粗绳纹多饰于粗砂陶器上，细绳纹多饰于细泥陶器或细砂陶器上。这种主要依靠陶拍拍压形成的纹饰，说明当时的工匠已经充分考虑到了绳纹的粗细与器物质料坚硬致密度之间的关系。

（二）线纹

这种纹样细如丝线，多用在束腰尖底器上，也是用陶拍拍上去的。

线纹

（三）弦纹

弦纹是在陶器表面刻划出的单一的或若干道平行的线条，排列在器物的颈、肩、腹、胫等部位，在各种陶质的器物上都有见。值得注意的是，粗陶器上的弦纹往往压在绳纹之上，或者与绳纹并列，表现出陶器制作工匠的灵活性，也使陶器纹饰变得更加丰富。

弦纹

（四）剔刺纹

剔刺纹是用剔刺的方法形成的纹样，因为剔刺的工具不同，使纹饰呈现出麦粒状、谷壳状、枣核状、三角形、方形、锥形等，品类最为丰富。

麦粒或谷粒状纹

麦粒或谷粒状纹形如肥硕的麦粒或谷粒，此类纹饰是用锐利的尖圆形器剔刺而成。

枣核状纹的痕迹较大且深，是用尖圆器做成后，

枣核状纹

再加修剔而成。

三角形纹有长腰及等腰三角形等形状，是用扁平或方平刃的工具压成。

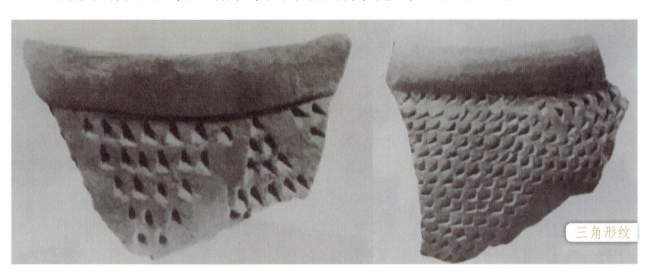

三角形纹

方形纹形状为方形，口大而内尖，剖面似漏斗，是用扁平器剔刺后斜压而成。

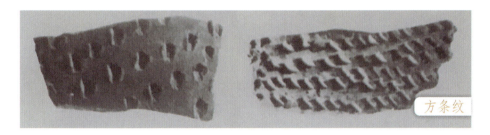

方条纹

方条纹比较少见，在半坡遗址中仅发现一例，属于一种镶边花纹，其特点是在弦纹下竖饰一周整齐而密集的方形条纹。

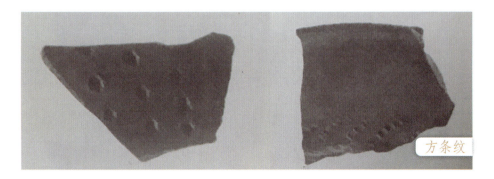

方条纹

圆洞状纹是用锥直刺而成，纹饰密集，有的还排成整齐的几何图形。半坡人似乎很钟爱几何形图案，在麦粒或谷粒状纹、三角形纹中也常见到这种排列有序的几何形图案。

圆洞状纹

有意思的是，在一件红陶钵底部边缘很不起眼的部位，研究人员发现了一组呈三角形的锥刺纹，这种现象很使人费解，因为对陶器进行装饰是为了美观，而将纹饰剔刺在实际使用过程中很难看到的地方，这一目的就很难实现了。因此，这种做法的含义难以琢磨。有研究者推测可能是陶工的率性为之，不过实在没有其他可资佐证的材料，也就只能聊备一说。

红陶钵底部边缘三角形的锥刺纹

指甲纹是用指甲剔刺形成的花纹，有的指甲纹满饰于器物全身，显得非常华丽。

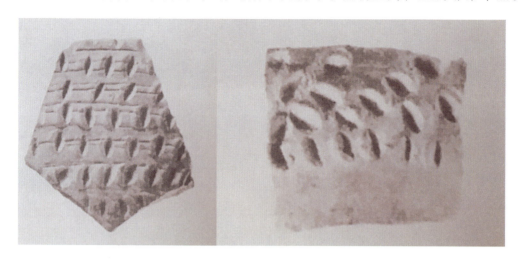

（五）附加堆纹

和以上纹饰均直接在陶器表面形成不同，这种纹饰是在器物成形后附加于器身之上的，故称附加堆纹。

附加堆纹既有单独的堆饰，也有带状的堆饰。

单独的堆饰是将泥条或泥块附加于器表，做成圆饼形、条形、鸟头形等形状。这种堆饰除了美化器物，还有使用的功能。如一件弦纹红陶四纽罐，肩部上有4个鸟喙状饰，显然是为了便于系绳持拿而设置。另外，这件器物腹部还饰有13条弦纹，这种将不同纹饰组合使用的做法，在半坡遗址出土陶器中比比皆是，从一个侧面反映了半坡文化的绚烂多姿。

弦纹红陶四纽罐（俯视）　　　　　　弦纹红陶四纽罐（侧视）

　　带状堆饰是用泥条环绕器壁做成的带饰，这种做法在使得陶器姿态变化的同时，更多地体现了其加固器物的作用。考古学家注意到，这种纹饰多装饰在粗陶器和大型陶器上，可引以为证。

附加堆纹罐

第二节　绘画

纵观世界，各地文明的进程约从公元前4000年左右开始进入加速度发展阶段，半坡文化正好处于这个阶段。半坡彩陶所体现出来的绘画艺术，其水平之高，内涵之丰富，令人叹为观止。

（一）俯察品类之盛
——半坡艺术家画笔下的动植物

对动植物形象的描摹是原始社会艺术家永远的题材，半坡的艺术家们自不例外。对鱼和鹿的特别关注和精心绘制，形成了半坡绘画独特的艺术风格。

1. 鱼，鱼，鱼——半坡人灵魂深处的精灵

捕鱼工具的发现说明鱼曾经是半坡人重要是食物来源之一。但是，当将目光转向有关鱼的绘画作品时，我们发现这样的认识远远不够。

在半坡绘画作品中，鱼的形象太醒目了，大鱼小鱼，单鱼双鱼，写实鱼变形鱼……等等，不一而足。对于鱼的描摹，不仅大，且生动传神、变化多端。

鱼纹可分为单体鱼纹和复体鱼纹两类。

单体鱼纹用笔洒脱流畅，鱼身各部分俱全，头、尾、鳍及身段各部分比例协调。鱼口微张，鼻尖翘起，呈游水

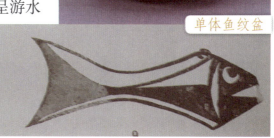

单体鱼纹盆

状。有的鱼则是张口露牙，睁大眼睛，向前张望。

完整的陶器保存下来的几率实在太低，更多的标本是残存的陶片，需要考古学家将这些残片一一整理、对比。这种精心的工作是颇有成效的，除了部分地还原了当时的艺术面貌，还让人们体会到了半坡艺术家们观察事物的细腻态度和捕捉瞬间动作的敏感性。

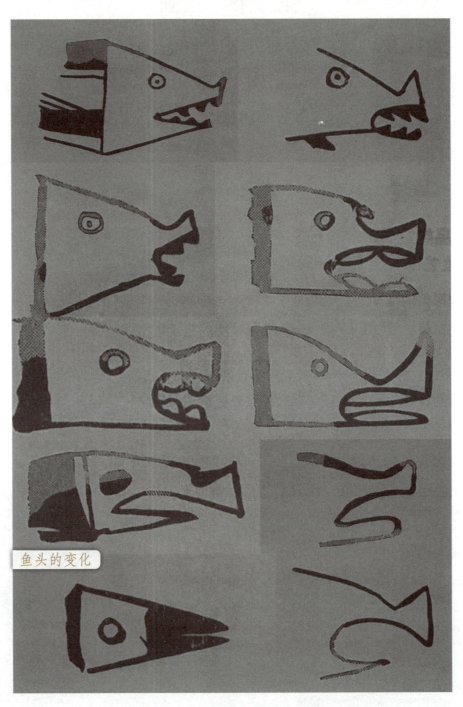

鱼头的变化

　　复体鱼纹是指由两条或两条以上的鱼纹组成的花纹。这类纹饰数量较多，有压叠和并列等形式，形态复杂。

　　平行压叠的双鱼，鱼身与鱼头合在一起。

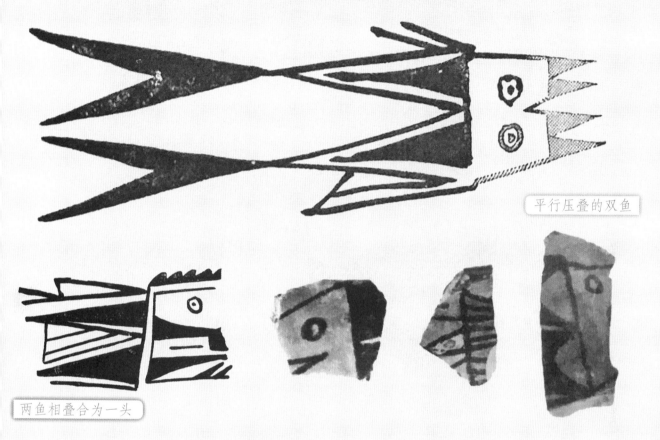

平行压叠的双鱼

两鱼相叠合为一头

　　两鱼相叠的纹饰，一般只有鱼身而无鱼头。

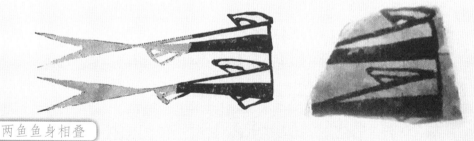

两鱼鱼身相叠

　　两鱼头相接组成一条带状花纹已趋向图案化，身体部分失去鱼的形态，头部为三角形。

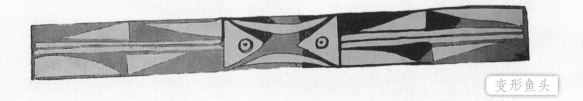

变形鱼头

此处，还有三条鱼相叠而成的花纹。

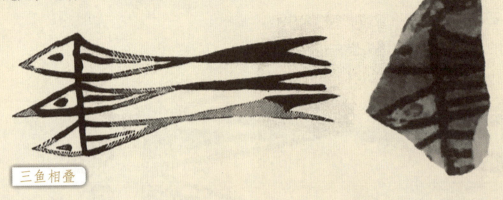

三鱼相叠

我们也看到了四鱼相交叠压而成的花纹，上下叠压，尾部两两相接，呈现一身两头状。

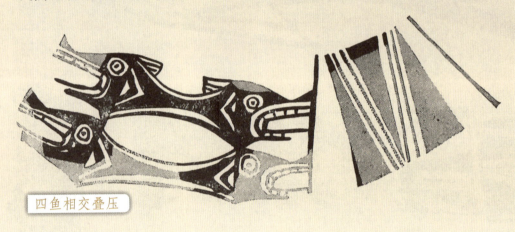

四鱼相交叠压

2. 鹿纹——传神之笔

比起鱼来，半坡艺术家对其他动植物的描绘可谓惜墨如金。

鹿纹盆

鹿纹陶片

　　上面是半坡遗址发现的仅有的三件关于鹿的纹饰，鹿的闲适、机敏和劲捷等状态，是不是得到了传神的表达？

半坡遗址中还出土了似禽类的图案、似龟的图案、类似动物头面图案化的花纹，以及几个树干、枝叶的植物形状的花纹，这些为数不多的动植物形象虽然由于过于残破而难以辨识其全貌，但这些形象的存在使半坡艺术题材显得不再那么单调。

禽类图

弯角羊头图案

疑似鱼头正面形象

龟类图案

植物纹

（二）几何形图案花纹
——半坡艺术家的创造性成就

几何形图案花纹在半坡彩陶中数量最多，品类更为丰富。根据已经发掘的资料，以考古学家的专业视角划分，共分出47种类型，89种样式。

囿于篇幅限制，本书只选录几种有代表性的彩绘陶器，以供鉴赏。

宽带纹红陶钵

三角纹彩陶罐

几何纹彩陶盆

网纹盆（侧视）

网纹盆（俯视）

波折纹彩陶细颈壶（俯视像一朵盛开的莲花）

几何形图案花纹基本上是由圆点、三角形、线条（包括直线和斜线）以及波折纹组成。那些平平常常的圆点、三角形、线条，在半坡艺术家的手中经过变形、组合和排列，变成一个灿烂的彩陶世界。

几何形彩陶图案集锦

以上对动植物形象花纹和几何形图案花纹的分析，着重点在于个体及个性特点，进一步研究这些花纹的相互组合关系，考古学家发现，上述两类纹饰都是由几个基本母题组合起来的。如动植物形象花纹是由人面、鱼形、鹿和植物枝叶相互组合，几何形图案花纹是由三角折线纹、三角平线纹、三角波折纹、斜线交错纹、竖线三角纹和圆点勾叶纹等相互组合。

然而，不论是动植物形象花纹，还是几何形图案花纹，它们在器物上都是作为完整的一组纹饰存在的。换句话说，纹饰的组合是经过精心设计的，表达了一定的审美倾向。

这种组合的方式有4种形式。

第一种是对称组合。这是半坡彩陶纹饰组合的基本形式，既有不同母题花纹的对称组合，也有同一母题花纹的对称组合。

不同母题花纹的对称组合一般情况下是用4个或8个个体花纹组合成对称的形式，间距大体相等。人面网纹盆就是用人面和鱼形花纹相互间隔组成。同时可以看到，这件彩陶盆口沿的几何形装饰纹饰也是对称的。

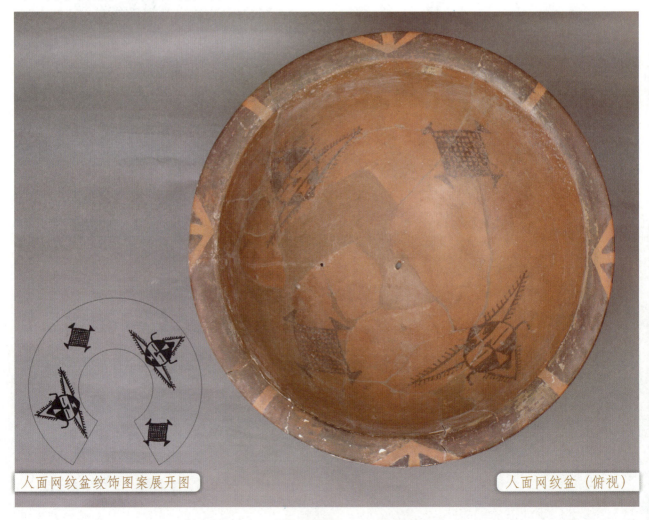

人面网纹盆纹饰图案展开图　　　　　　　　　　　　　　人面网纹盆（俯视）

同一母题花纹的对称组合方式与不同母题花纹的对称组合相同，只是母题相同而已。鹿纹盆就是鹿纹相互间隔组成。注意，这件彩陶盆口沿的几何形装饰纹饰也是对称的，和上述人面网纹盆略有区别的是，鹿纹盆露底竖线纹是四道，而人面网纹盆只有一道。这种细微的差别究竟意味着什么，目前尚无定论。

鹿纹盆

鹿纹盆纹饰图案展开图

第二种是不对称组合，其特点是不论同一母题还是不同母题的花纹都由单数组成且不相对称。这种组合在半坡遗址中发现较少。

单体鱼纹盆

单体鱼纹盆纹饰展开图

这件鱼纹盆上的纹饰由三条相同的鱼纹组合而成，这种组合在半坡遗址中是孤例，但是

三角纹陶钵

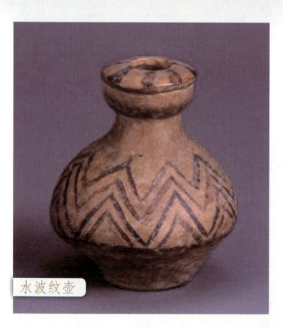

水波纹壶

对鱼的传神描绘使画面充满动感。

第三种是同一母题组成一条带状花纹，环绕器壁。这种花纹以三角斜线纹和三角折波纹最为典型，其特点是母题花纹可以无限延长。

第四种是不同母题的两种花纹相互连接起来合成一组花纹，其特征是以横的花纹为主饰，而以简单的竖的花纹作为副饰，插在两个主饰之间。

不同母题花纹组合

（三）鱼纹与三角形的"血缘关系"

——鱼纹如何演变为几何图案

在对半坡遗址出土的大量彩陶花纹进行深入研究后，考古学家为我们提供了一系列花纹演变推测图。

最初的研究只是想总结陶器纹饰出现的规律，通过考古学所特有的文化层位的统计，考古学家对几种重要和有代表性的花纹进行了梳理，得出了这样几个结果：绘在陶钵口沿的宽带花纹，在半坡遗址的早晚期都很盛行，但以早期为多，几何形图案花纹以晚期为多；最具代表性的三角形与平行线、斜线组成的几何形纹饰，以及由凹边三角、弧线和半月形、菱形花纹组成的几何形纹饰，在晚期非常盛行，数量超过早期近一倍；单体鱼纹早晚期均有，但早期的鱼纹较生动，晚期则以复体鱼纹和复合鱼纹为多……

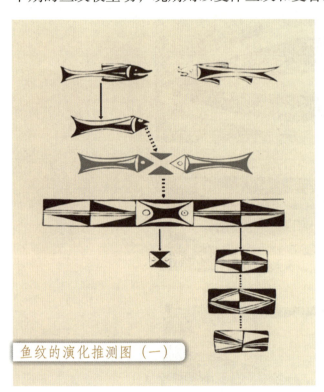

鱼纹的演化推测图（一）

考古学家认为，这些现象说明了半坡彩陶花纹的演变与时间的关系，有些是由简而繁，有些则是由繁而简，也有些是繁简同时存在。由此推知，当时的彩绘花纹一部分是写实的，一部分则是在观察周围事物的过程中加以概括而抽象化了的。

进一步研究后，考古学家发现在半坡彩陶纹饰中，自始至终引人注目的三角形及线纹组成的几何形花纹和动物图案花纹中的鱼纹竟有着密切的关系。从遗址出土的大部分标本中，有足够的线索可以说明，几何形图案花纹是由鱼形图案演变而来。

鱼纹演化的第一种推测是由单体鱼纹到复合鱼纹，再到无头的复体鱼纹，又经过后来的渐次演变，形成典型的几何形图案花纹，而这时已经完全失去了鱼纹的原形。

鱼纹演化的第二种推测是和前一种压叠组合演化的推测不同，这一路线的演变是两种鱼纹经过相对组合演变而成的。当鱼的形象图案化之后，又分成鱼头与鱼身两个发展方向，两种花纹各有不同变形：两鱼头相合后几乎成一长方形或正方形，中间以两条对角线分作四个黑红相间的全等或相似的三角形，在三角形中以黑点或圆点象征鱼的眼睛；鱼身则全部图案化。

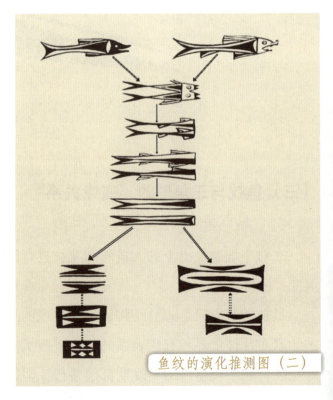

鱼纹的演化推测图（二）

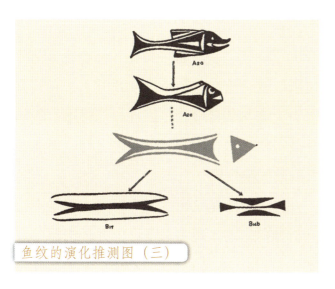

鱼纹的演化推测图（三）

在鱼纹演化的第三种推测中，可以清晰地看到几何形花纹与鱼纹的演变关系。

当然，以上推测，有些有明显的迹象，有些则属于假设。这些推测并不一定有着必然的演化关系，但是这种演化的存在，特别是演化中存在着相互之间的影响应该是合乎逻辑的。

（四）什么山上唱什么歌
——彩陶花纹与陶器器形的关系

解释一切文化现象，将出土文物所包含的全部信息一一揭示出来，是考古学的责任所在，对于还没有文字记载的史前考古来说就更是如此了。也许正是由于这样的责任感的驱使，考古学家并没有忽略彩陶花纹与陶器器形的关系这个问题。

一番统计和梳理之后，考古学家发现彩陶花纹与器形以及纹饰所在的部位都有一定的规律性。这说明，当时的艺术家在绘画之前是对器物形体、纹饰部位和如何布局等做了缜密考虑才动手的。

同一种类的花纹几乎都装饰在同一类型的器物的特定部位。如宽带纹绝大多数都位于陶钵的口沿，个别饰于陶盆的口沿；斜线和三角形相互交错而成发的纹均饰于陶钵口沿外边，少数饰于陶盆上；三角形与波折纹组成的花纹全部饰于小口细颈壶上；鱼纹则多饰于陶盆的肩部。

让器物看上去很美，应该是这些做法的内在原因。这些彩陶花纹多数位于器物的外表，且都偏向器物的上部，那么不论器物内

波折纹彩陶细颈壶（俯视）

是否盛放物品，这些部位都不会被遮挡。

还有一个更有说服力的例子，波折纹彩陶细颈壶俯视看去竟然像一朵盛开的莲花。这种波折纹就只绘在这种小口细颈壶上，究其原因，大概与其器型较小，且口部收缩，腹部外鼓，使用过程中看不见壶内之物，却能够看到其俯视效果有关。

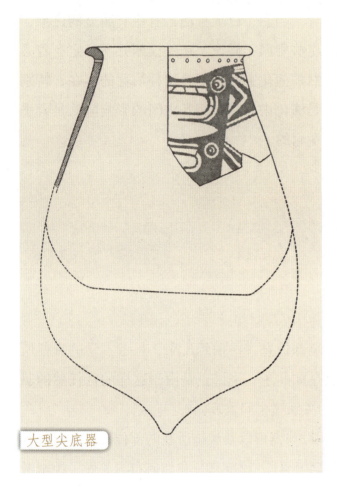

大型尖底器

半坡彩陶花纹还有一个特点，就是不论题材如何，均呈现一条带形，并环绕器壁。就半坡已经发现的彩绘装饰陶器盆、钵、壶、罐等来看，着彩部位都在折腹、腹部最大直径以上的鼓肩或鼓腹的部分，这些部位都较狭窄，最适合用带状花纹。这些应该是半坡艺术家在长期的艺术实践中总结出来而又行之有效的经验。当然，一旦条件允许，半坡艺术家也不会放过在大型器物上一展身手的机会，前面提到的四鱼相叠的纹饰，就有可能是绘制在一个大型陶罐或大型尖底器的腹部。

（五）仰观宇宙之大
——半坡艺术家画笔下的鱼神

好了，现在我们来说一说半坡文化最神秘的图案——人面鱼纹。

鱼在半坡人心中的地位已如上述，但是，当鱼和人的形象相遇时，鱼的意义更显示出其难以捉摸的一面。

今天看来，这个纹饰显得有些古怪。当然，想要弄清楚这略显古怪、无处不透着神秘气息的图案，最好的办法是设法进入原始先民的精神世界，试着用原始的思维方式来关照。然而问题是，今天的人们已很难进入原始先民的思维，尽管研究者们都声称正在进行这种努力。于是，迄今为止对这种纹饰的理解和解读出现了见仁见智的数十种说法。

1．惊艳出世——人面鱼纹的发现

人面鱼纹在半坡遗址共出土了7个标本，由于两件完整器物上各有一个样式完全相同的标本，所以，实际上共有5个式样的人面鱼纹。只有一例绘在陶盆的外部，其余全部绘于陶盆内壁。

5个式样的人面鱼纹图案均有细微的差别，同时共同点是非常明显的，那就是虽然形象接近图案化，但人面的基本形象还保留着。圆圆的脸上眉、眼、鼻、口等五官俱全，耳际悬停的小鱼或弯曲上翘的小钩，头顶和口角装饰的小鱼或象征鱼的交叉斜线，还有额头或三角或镰刀形的留白，都给后人留下了无尽的未解之谜。

人面鱼纹盆

人面鱼纹盆

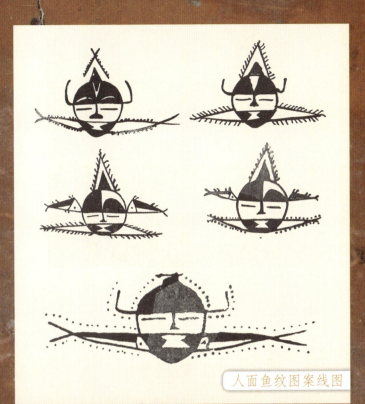

人面鱼纹图案线图

人面鱼纹（特写）

人面鱼纹盆出土时状况

继续给人面鱼纹增添神秘色彩的是出土的地点。两件绘有最完整人面鱼纹花纹的陶盆均出土于埋葬小孩尸骨的瓮棺葬。另外几件标本残破不全，来自于采集和出土于房屋遗迹中，也就是说，这几件标本发现时已经和原来使用状态相去很远了。换句话说，从使用这个角度，能提供的信息已经不多了。这引发了下面我们将要谈到的学者们对这一图案的见仁见智的观点。

2. 并不孤单——人面鱼纹在相关遗址的出土情况

在介绍人面鱼纹的研究状况前，介绍一下相关遗址出土的人面鱼纹的情况，可以加深我们对这一文化现象的印象及理解。

事实上，在半坡遗址周围与其大体处于同一时期的史前文化遗址中，出土了不少同类图案。这些遗址既包括东去只有20余千米的西安市临潼姜寨遗址，也包括西去170余千米的宝鸡北首岭遗址，甚至远在秦岭以南的汉江流域的西乡县何家湾也出土了类似的标本。

临潼姜寨出土人面鱼纹标本

宝鸡市北首岭出土人面鱼纹标本

汉中西乡县何家湾出土人面鱼纹标本

3. 诸说纷纭——人面鱼纹的研究

人面鱼纹图案奇特的构图和神秘的内涵，使之甫一出土就引起了考古学家的关注。随后，艺术史家、人类学家、民族学家、神话研究家纷纷加入进来，使这一研究课题呈现出蔚为壮观之势。

（1）图腾说

半坡遗址发掘者石兴邦先生首倡此说，他在《西安半坡》考古发掘报告中写道：半坡彩陶上的鱼纹，可能就是半坡图腾崇拜的徽号。特别是右图这个人面鱼纹，"似有'寓人与鱼'或者'鱼生人'，或者是'人头鱼'的含义，可以作为图腾崇拜对象来解释"。

后来有研究者将人面鱼纹与《山海经》中的记载联系起来，

《山海经》中的人面鱼身像

半坡遗址出土人面鱼纹标本

进而发展了图腾说。杨东晨在《半坡氏族考源》中指出：半坡类型仰韶文化"人面鱼纹"图案与《山海经》中氐部落的图腾相吻合。

《古本山海经图说·海内南经》云："氐人国在建木西，其为人，人面而鱼身，无足。"

（2）月亮崇拜说

曾经在西安半坡博物馆有过多年工作经历的刘夫德认为，仰韶文化陶器上的鱼纹和人面鱼纹都是图腾的标志……鱼纹在当时是有所象征的，它所象征的就是我国历史上华族的总标志——月亮。而人面鱼纹就是月亮的生动意象性摹写。

（3）太阳神崇拜说

蒋书庆认为，半坡彩陶上的人面纹构成很复杂，一个普遍现象是半坡彩陶的人面纹总与三角纹密切相关……半坡彩陶人面纹顶部嘴角两侧的三角纹上缀上以小芒刺，像火光散射的样子。这些光芒散射的纹饰，在圆形的人面纹周围，正是太阳十分形象的象征。

月亮崇拜说和太阳神崇拜说可以说是图腾说的具体化。

（4）文身说

刘敦愿认为，人面额部与颔部绘的纹样，是一种文身习俗的表现。持相同看法的还有沈之瑜，他说："人面纹，它不仅生动地描绘了脸部五官，而且反映了当时人们喜爱黥面文身的习俗。"

也有专家指出此说的不足：黥面之说尚可讲通，文身习俗尚欠证据。此说只言及了人面

半坡遗址出土人面鱼纹标本

本身的习俗，对人面头戴饰物、两耳贯鱼、口中含鱼并未触及。

（5）装饰图像说

此说认为，人面鱼纹图像可能是氏族部落举行宗教祭祀活动时氏族成员装饰的图像，头顶上戴有非刺状的尖状物，与当代尚存的一些氏族部落在举行典庆祭祀活动时头戴盛饰的帽子、满身绘刺图腾物以及其他花纹的情景相仿佛。

（6）巫术活动面具说

朱狄将人面鱼纹与《原始艺术》一书中收录的假面进行了比较，认为两者在结构上有极大的相似之处，人面纹之所以要和鱼接合在一起，无非是祈求捕鱼丰收之意。朱先生又引用法国学者列维·布留尔在《原始思维》中的"在以保证捕鱼成功的舞蹈中，面具是呈鱼形状的"来加以佐证。

（7）神话说

神话说是朱狄先生对人面鱼纹的另一种推测。这种观点形成的依据是该种纹饰出土地点相隔较远，而出土的纹饰竟惊人地相似，这一定和当时流传甚广的某种神话传说或巫术仪式有关。

（8）祖先形象说

张广立认为，鱼图腾在半坡时代已经度过了全盛期，开始衰落了，在早些时候，半坡人可能就以为自己的祖先是具有半人半鱼的形象，半坡彩陶上的人面鱼纹其图腾意义已不那么鲜明，它可能已变成一个人格化的独立神灵——鱼神。

不同意这一观点的专家认为，此解释没有解释人面鱼纹与渔网共存的现象，单从神话祖先角度是无法弄清楚人面鱼纹内涵的。

人面鱼纹出土地点分布图

（9）原始信仰说

谷闻在研究中提出，彩陶盆里对应的两条游鱼和簪着双鱼的人头像及两张展开的渔网，是不是意味着某种原始信仰，祈求鱼儿常常被网获呢？这一说法也被称为期望捕鱼丰收说。

（10）摸鱼图像说

对人面网纹盆上的纹饰，马宝光是这样解释的，人面像两侧的两个角状物是羊角帽……再看整个画面，两张渔网于两边分别张开，两个人全身没入水中，只剩下头和肩膀留在水外，由于手脚的部分在水下看不清，所以省而不画。两人采取两边对挤围摸，促使鱼向网内逃，由于摸鱼人全部注意力在水下，所以下意识地双目微合。

（11）权力象征说

王大有认为，中国仰韶文化中的北首岭、半坡、姜寨图腾祖先的"角"和尖椎形"帽"，最初都是鱼饰，后演化为象征权力的角和帽……王先生还认为，古印第安人把角看得那么重要，究其原委，当是他们保持了来自远古部族图腾的古风，特别是距今七八千年仰韶文化的古风。

（12）原始历法说

有为数不少的天文历法研究者认为人面鱼纹和太阳历有关。钱志强认为，半坡人面鱼纹陶盆口沿露底线纹作对称连接，则构成甲骨文、金文中的"甲""癸"二字，代表十干，同时口沿露底线纹的四方八位式分布也可能与表示四时八节有关。

（13）图案化福字说

叶复山认为，仰韶文化中的人面可分为基本头面单纯型和基本头面连接鱼的复合型。而复合型人面诸形各个组成部分，尽管图形不一，但总的来说，其含义表意大抵都是"酒"与鱼（间有粟）的结合，借以表意有酒有鱼（肉）间有粟便是福。因此，人面鱼纹是我国早期表意福的图画文字。

（14）飞头颅精灵说

萧兵认为，半坡人面鱼纹每个人面都有触目的开口，这是灵魂的进出口，人面是飞头颅，飞头颅的精灵从进出口先期飞出去寻找猎物，而人头及两耳共有三个长着短齐羽毛的"锐三角"可能是翅膀的变形，而不是什么装饰品或帽子。半坡人面"以耳为翼"，表示其头能飞。头或精灵飞出去，分明是寻找并驱赶更多的鱼儿入网，以保证丰收，所以要把飞头和渔网画在一个陶盆里，珥鱼或衔鱼则表示"飞头"有本领控制鱼类。

(15) 生命之神象征说

靳之林认为，双鱼人面陶盆是一组崇拜生命之神、祈求子孙繁衍和生产丰收的巫术器物，是现今民间原始艺术遗存中的"阴阳鱼""八卦鱼""双鱼娃娃""龙的传人""二龙戏珠"的艺术原型。双鱼中间的人面，是双鱼相交产生新的生命——生命之神的象征。

(16) 女阴象征说

杨堃认为，母系氏族社会的图腾均是女性生殖器的象征。从原始社会人口生产高出生率、高死亡率、极低增长率的角度出发，赵国华认为原始人类只能以增加出生率求得和扩大人类自身的再生产，这种迫切的需要导致了原始人类产生了炽热的生殖崇拜。鱼纹就是女阴的象征，半坡彩陶则是祈求人口繁盛的血祭的祭器。

(17) 原始婴儿出生图说

李荆林认为人面鱼纹不同凡响，非一般的纹饰，是一幅"原始婴儿出生图"，是我国也是世界上最早的"婴儿出生图"。图案正中的圆形人面是婴儿刚刚露出头时的状况，半坡人面鱼纹更近写实，因为婴儿出生时一般是闭目的，所以两眼用一字横线表示，虽然姜寨遗址的人面是睁眼的，但不管是睁眼还是闭眼，两幅图都是胎儿生产图。

(18) 巫师"作法"说

孙作云认为，人头纹就是巫，代表氏族中的巫师，即民俗学上所谓萨满。他解释说，此人头像皆带角，表示他的身份与众不同；此人头像的前额涂黑，并有弯曲空白，整个脸的形状是"阴阳脸"，表示故作神秘，令人莫测高深，或以此表现"阴阳"，有巫术的用意。又此人闭目食鱼，表示他正在"作法"，使鱼自动来投，人就能多捕鱼。

(19) 生死轮回说

首都师范大学历史学院考古系杨玥认为，这种纹饰代表着一种生死轮回观念，鱼作为生死轮回的媒介，引导灵魂重生。上古传说中颛顼、后稷化身为鱼，死而复生的故事，为鱼作为生死轮回的媒介的观点提供了文献资料的支持。

陆思贤也认为，鱼在半坡人看来有"生死轮回"的作用，后稷在古史中是周民族的先祖，正是活动于渭水流域的先民们的子孙后裔，其身为"半鱼"，则与半坡彩陶器上所画人面鱼纹相同。

(20) 家园说——生死轮回说的新解释

陕西师范大学美术学院乌琼认为，人面鱼纹多绘制于作为瓮棺棺盖的陶盆内壁，说明图案并非是为生者而作，而是便于死者观赏。在瓮棺的形制中，倒扣的陶盆相当于墓室的穹顶，人面鱼纹作为最早的穹顶画或墓葬壁画，在瓮棺葬中起着生死转化的功能。

这里所说的转生并非"招魂说"中所认为的使死者重返人间，而是具有明显的象征性，象征着死者由此生到达彼岸，然后永远居住于瓮棺这一死后家园中。

（21）**母爱说**

付维鸽认为，人面鱼纹体现的是母爱主题。人面鱼纹整体图案呈两两相对状，两个人面相对而绘，两人面纹之间左右两侧都绘出头向相反的两条鱼纹，正好形成了一个可以循环的圆。图中，鱼嘴先对着孩子的耳朵和口部吸取和引导孩子的灵魂，而后经过人面纹两旁大鱼的传递，逐渐盘旋上升游向盆底，同时借助新月赐予孩子灵魂"新生"的动力，穿过盆底部的小孔来到母亲身旁，表达的是在母系氏族公社下，母亲对孩子的关爱之情，即世界上最伟大最永恒的主题——母爱。

（22）**童趣说**

相较于稍显复杂的关系分析，浙江树人大学艺术学院林涛的看法很单纯。在他看来，人面鱼纹盆上人与鱼所表现的关系相当单纯、质朴。其中，人面并不是在巫术礼仪的原始宗教笼罩之下，戴着面具担任着沟通人与神灵之间工作的巫师，而是一个少年。一个在玩水，在和鱼嬉戏，在把头伸入水里享受小鱼的"亲吻"的快乐少年的写照。在已发现的多个人面（鱼纹盆）中，大多数为闭目陶醉状，似乎很享受的样子。这是对一种审美体验的传达，是一幅美好情境的描绘，是建立在"童趣"之上的，"单纯"而且美好的原始审美活动。

（23）**审美意识说**

华中师范大学美术学院巩娜娜、辛艺华以仰韶文化中的半坡彩陶鱼纹为研究对象，应用构成学原理剖析彩陶鱼纹的发展演变规律，分析其形式语言特征。

彩陶最初的构成方式是以内壁和口沿的八个单独纹样为骨架，以"米字格"作基地分割了整个器形。人面鱼纹和鱼纹两组图案两两相对，旋转对

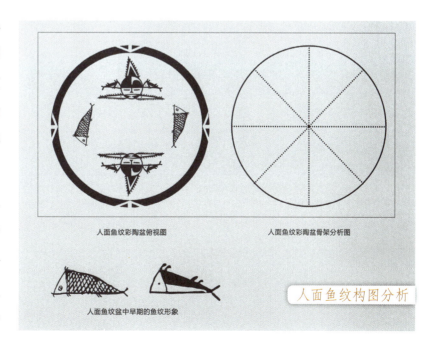

人面鱼纹彩陶盆俯视图　　　　人面鱼纹彩陶盆骨架分析图

人面鱼纹盆中早期的鱼纹形象　　　　人面鱼纹构图分析

称的画面，在造型、色彩、纹样方面都有独到之处。

(24) 宇宙观说

钱志强将人面鱼纹的图案视作旋转的形象。结合众多考古资料，他得出结论：黄河彩陶的圆形体及上面的分割符号大约是黄河流域人们用来象征天地万物的观念和内容的。也就是说，这种圆及割圆符号，是当时人们用来表示天地万物及其变化观念的。

(25) "黑衣壮"之祖说

伍弱文发现，半坡人面鱼纹与"黑衣壮"所佩戴的奇特双鱼对吻饰品，二者之间似乎有着某种联系。他认为人面鱼纹盆里的鱼图案，是艺术化了的双鱼项圈、双鱼耳环和立鱼头饰（即"黑衣壮"所佩戴的饰物）。半坡人面鱼纹盆上的人像简直就是一个现代"黑衣壮"女性的翻版。

神秘的"黑衣壮"

第三节　雕塑

以人类本身作为审美对象，将人的形象以各种造型艺术的形式加以表现，几乎是史前时期世界各民族的共同爱好。在前面的叙述中，我们已经领略了半坡人在彩绘陶器上对人的面部及五官形象的描绘功力，而在雕塑方面，半坡的艺术家也不是没有任何作为。

（一）人头塑像

人头塑像质地为细泥灰陶，人面略呈方形扁平状，高4.6厘米，额宽3.3厘米，连耳宽6厘米，用贴塑的方法塑出了耳、目、口、鼻，口部已脱落。目、耳以锥刺成洞，鼻子高大，鼻脊中间压有一道凹痕，耳部穿刺两孔，当为系耳坠的象征。由头至颈串通一孔，由此推断这个塑像应该是插在某种物品上的附饰品，也有可能是玩具之类。

人头塑像

鸟头陶塑

（二）陶塑动物形象

在史前时期，无论是作为狩猎对象还是饲养对象，动物都与原始人类的生活关系密切，因此雕塑作品关注动物是很自然的事。在半坡遗址出土的动物陶塑中，鸟的造型较多，计出土陶塑5件，其中3件为鸟的造型，均为陶器器盖上的钮，其中一件伸头扭颈，用锥刺纹表示了眼与羽毛的纹饰。

利用鸟头细长的特点，将其作为盖钮塑于器物之上，很方便地完成了其使用功能。造型之时，固化了鸟惊鸿一瞥的神态，体现了半坡艺术家敏锐的观察力和娴熟的艺术驾驭力。

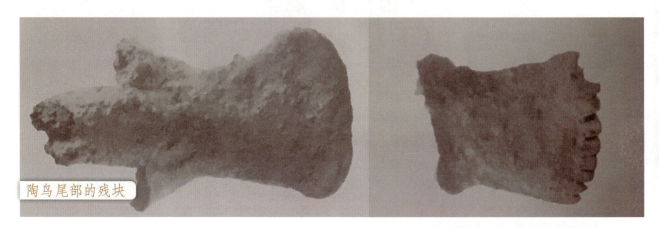

陶鸟尾部的残块

有两件陶鸟尾部的残块，其尾羽特征也表现得生动明显。

还有一件兽形雕塑，形状为正视伫立状，保存完整，头类兽，而尾似鸟。

在关于雕塑的话题结束时，我们应该想到一个问题：鱼是半坡人非常熟悉的，也是与其生产和生活关系密切的动物，在彩陶绘画中曾经对其不惜笔墨，为何在陶塑作品中却见不到鱼的影子？

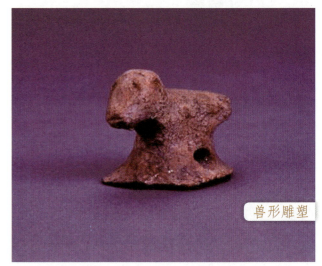

兽形雕塑

第四节　配饰

半坡遗址共出土了281枚骨针，最长的约16厘米，最短的2.5厘米，直径最小的不足2毫米，针孔约0.5毫米。数量如此之多的骨针，加之本书前面已经提到的陶器底部留下的布纹，我们可以肯定：半坡时代的人们已经用质地细密的布料为自己量身定做衣服了。时代稍晚于半坡遗址的青海省大通县上孙家寨遗址出土的舞蹈纹彩陶盆，提供了真实的关于衣服的形象资料：彩陶盆内壁绘有十五个跳舞的原始人形象，五人为一组，手拉着手，面向一致，头上有发辫状饰物，穿着长及膝部的"连衣裙"，身下还有飘动的饰物，像是裙摆。

和衣服实物的缺乏不同，半坡遗址出土的装饰品不仅数量大，而且制作精致，计有9类，1900多件。以材料质地来分，有石、陶、牙、蚌、玉、介壳等；以

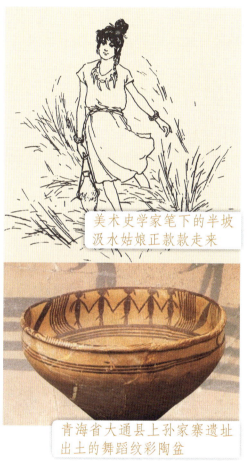

美术史学家笔下的半坡汲水姑娘正款款走来

青海省大通县上孙家寨遗址出土的舞蹈纹彩陶盆

形状来分，有环饰、磺饰、珠饰、坠饰、方形饰、片状饰、管状饰等；以功能来分，有发饰、耳饰、颈饰、手饰和腰饰等。

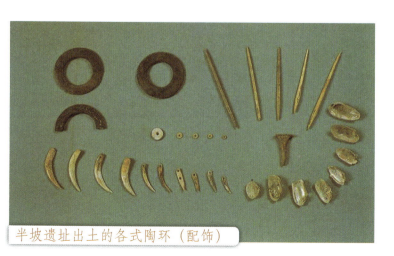

半坡遗址出土的各式陶环（配饰）

第五节　陶哨

　　音乐对人类社会的重要性是始终被重视的。古代中国自有文字记载以来，就将音乐视为治国理政的重要举措。儒家要求学生掌握的六种基本才能——六艺，包括礼、乐、射、御、书、数，"乐"的地位仅次于"礼"。在上古时期，对音乐尤其重视，各代都有有代表性的乐曲，如最早的礼仪性乐舞《云门大卷》，尧时的《咸池》，舜时的《大韶》，禹时的《大夏》，商时的《大濩》，周时的《大武》。传说，孔子在齐国听到了舜时的乐曲《大韶》，称其乐舞尽善尽美，因此而三月不知肉味。

陶　哨

　　想来这种让孔夫子如醉如痴的音乐不会凭空而来，在此之前的原始社会一定有其渊源。或者说，虽然由于时代的久远，史前时期的音乐和舞蹈都没法记录下来，但是乐器总会留下一些的吧！

　　史前考古果然不负众望：在半坡遗址就出土了两个保存完整的陶制的口哨（或称作陶埙），其中一件上下贯穿一孔，另一件只一端有孔。发掘之初，由于尚无专业音乐史学家的介入，考古发掘报告中只能用"吹起来吱吱有声"来描述这两件乐器发出的声音。

　　1978年，有专业人士对半坡出土陶哨进行了正式测试。1987年9月，文化部艺术研究院音乐研究所又再次对其进行测定，此次测定结果是：用全开、全闭两种按孔法变换角度吹奏，可以轻而易举地吹出4个不同频率的乐音，音色圆润透明，在同期埙类乐器中尚不多见。研究者最后感叹道，距今五六千年前的关中平原已经不是我们过去所认为的那样，它的音乐不是多么简单、原始，而是已经相当复杂、多样，它的成就在当时世界上是站在前列的。

半坡遗址出土陶哨测音结果

项目 器名 出土号	相当于平均律 音名	频　率 HZ	音分值 ceut	演奏法
P.4737 半坡一音孔埙（哨）	E5+60	682.50	6460	全闭控制音
	#F5+9	748.15	6619	全　闭
	A5−17	871.40	6883	全开控制音
	A5+38	899.53	6938	全　开

半坡遗址出土陶哨与姜寨遗址陶埙测音对比分析

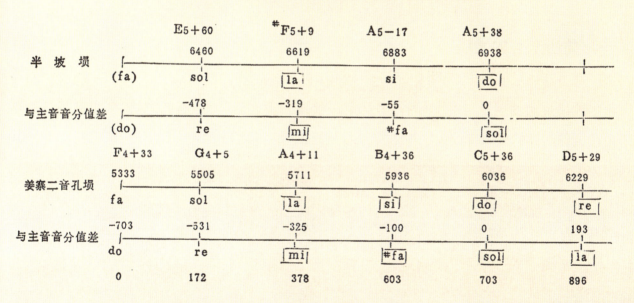

第六节　天书
——无法识读的刻画符号

在文字发明之前，远古先民是如何记事的？古代的典籍都用"结绳记事""契木为文"来表述，但这些说法毕竟太笼统了，对后来者来说要一窥先民的记忆库实在是太难了。直到在半坡遗址彩陶上发现了一些刻画符号，这些神秘的符号似乎让我们看到了曙光。

（一）前所未有的发现
——半坡遗址刻画符号的出土情况

半坡遗址共发现了113件刻画符号标本，整理归类之后共得22种。绝大多数刻画符号是刻画在这种陶钵的黑宽带纹上，少数刻画在陶钵的垂三角纹上。

刻画符号彩陶钵

第一种形状为一竖划。这种符号一般都是垂直端正，是最简单也是发现最多的一种，共计65件。

第二种形状为两竖划，共4件。这种符号为两竖划并列，刻划的粗细、间距都不均匀。

第三种形状为一横一竖的"T"字形。这种符号两划相互垂直。共4件，其中一件的横划向下弯曲。

第四种形状为垂钩状，共3件。

第五种形状为倒钩状，共6件，其中钩向左侧和右侧的各3件。钩的尖端有钝的，也有尖锐的，长短大小不一。

第六种形状为树杈状，共2件，单叉和双叉各1件。

第七种形状为左右双钩状。这种符号呈箭头的形状，共2件。

第八种形状为"十"字形，共3件。

第九种形状为斜叉状，共4件。

第十种形状为"Z"字形，共10件。这种符号由左起刻画的有4件，由右起刻画的有6件。

以上为刻画比较简单、有重复品的10种刻画符号，此外，遗址中还发现了刻画比较复杂、仅有孤例的12种刻画符号。

第十一种形状为一竖划，左侧有三道斜短划。

第十二种形状为一竖划，右侧有三道斜短划。

第十三种形状为一竖划，左侧有四道斜短划。

第十四种形状为一竖划，右侧有四道斜短划。

第十五种形状为五道互相平行的横划由中间的一竖划串连。

第十六种形状为"K"字形。

第十七种形状为前后位置倒换的圆括弧形。

第十八种形状为倒写的"A"字形。

第十九种形状为两条直线斜交成"V"字形，中间夹一个斜十字。

第二十种形状为"米"字形，这个符号的特殊之处是其位置位于陶钵的底部。

第二十一种为残存的刻画符号，形状像左侧缩进的校对符号。

第二十二种为残存的刻画符号，形状呈"L"状。

（二）谜团

——刻画符号的最初解读

在半坡刻画符号出土的年代，同类的遗址和出土物不多，所以最初的解读只能就刻画符号本身能够提供的信息来进行。

考古学家推测，这些符号可能是代表器物所有者或制造者的专门符号，其所有者可能是氏族、家庭，也可能是个人。这样的推断所基于的事实是，考古学家发现相同的符号往往出在同一窖穴或同一区域。如数量最多的第一种一竖划的刻画符号，大部分集中出于6个地点，基本上是相连的一个区域，面积也不过100多平方米。另外，"Z"字形的符号的出土地点也相对集中。

考虑到刻画符号的位置大部分均位于陶钵口沿的黑宽带纹上，其位置非常醒目，且此类陶钵是日常生活中大量使用的器物，将符号刻在这个位置以便于辨识，这样的推测是很有道理的。

但是，另一方面的证据似乎又不太支持这一推测。仔细观察这些刻画符号的痕迹和特点，很容易看出，这些符号的刻画时间是有区别的：有的是陶器未烧之前就刻好的，有的则是在陶器烧成后或者使用一个时期后才刻画的。于烧制前刻画的符号比较规整，深度和宽度均匀划一。所用的工具大体上是竹、木或骨质的平刃小刮刀，甚至还有用指甲挖刮的。于烧制后刻画的符号刻画不太规则，深度不一，符号的边缘有细的、破碎的痕迹，大概是用比较尖利的工具刻成。如此，陶器的所有者是在烧制之前就确定了的，还是在烧制之后才能确定？或者使用一段时间后所有者发生变化？那么变化之前的标志却又了无踪迹。种种谜团，难解难分。

用指甲挖刮的符号

烧制后刻画的符号

（三）文字的先声？
——刻画符号研究的新进展

在半坡刻画符号出土的20世纪50年代，同类的遗址及刻画符号的发现很少，这大大限制了其研究的深度。但刻画符号的发现也并非孤例，在陕西省长安市灵台和合阳莘野村就出土过与半坡刻画符号相似的符号。石兴邦先生据此推断，刻画符号是仰韶文化中相当普遍的一种特征，它们可能代表相同的意义。

1960年，郭沫若先生考察半坡遗址后，曾留下一首诗："彩陶形制美，画纹亦多殊。

或则呈人面，或则呈双鱼。农耕既普及，人群已聚居。护壕深二丈，其广亦相如。奈何遗址中，独不见文书。"诗中表达了在半坡遗址中见不到文书——文字的遗憾。

1972年，郭沫若在《古代文字之辩证的发展》一文中，开始从文字起源的角度研究半坡刻画符号，认为半坡刻画符号"无疑是具有文字性质的符号""可以肯定地说是中国文字的起源，或是中国原始文字的孑遗"。

1973年，著名的古文字学家于省吾先生在《关于古代文字研究的若干问题》的文章中，也认为半坡刻画符号是文字起源阶段所产生的一种简单文字。

周建人先生更直接了当地说："半坡村已有文字，都写在陶器上……"

有的学者更将半坡出土的刻画符号与商周的甲骨文联系起来，认为两者之间有一定的关系，且大多可以释读。陈炜湛和王志俊经过研究，得出的结论是：这些符号，正是我国文字的原始形态或原始阶段，比甲骨文更古老得多，是中国文字的起源。刻符已属文字，它是古汉字的起源，已有了基本固定的形、音、义，和商周甲骨文、金文属一个系统，即象形文字系统。

当然，不同的观点也是存在的。

古文字学家裘锡圭先生认为："半坡遗址发现的刻在陶器上的记号，不是任意的刻划，而是具有一定意义的记号。"严汝娴将半坡刻画符号与普米族的刻画符号进行对比后，认为"是一种特定的记事符号，尚不是文字"。汪宁生认为，半坡陶钵口沿上的几何形符号，是制造者或使用者所作的标记，半坡几何形符号像其他原始记事方法一样，对后世文字有一定影响，但本身绝不是文字，只是为标明个人所有权或制作的某些需要而随意刻画的，当时人们并未赋于其一定的含义，今天自无从解释。

对半坡刻画符号的研究还在继续，相信随着更多同类遗址和更多刻画符号的出土，必将为这个千古谜团的破解带来机会。

第五章

魂离其魄
——半坡人的死亡观

灵魂能够离开肉体而独立存在，这种信仰在世界各地都有，中国也不例外。古人说："人之精气曰魂，形体谓之魄，合阴阳二气而生也。"按照这种理论，古代人将生命看作两部分，一部分是身体——肉身，另一部分是气——灵魂。肉体和灵魂是可以分离的，原始人相信人死后，灵魂会离开肉体。换句话说，灵魂是不会死的。这种灵魂不死的观念导致了另外一个世界——冥界的诞生，原始人相信在那里氏族成员的生活还会继续。于是，我们看到了新石器时代半坡人对待死亡的达观态度，以及对逝去亲人在另一个世界生活的关怀。

第一节　公共墓地
——氏族成员的终极归宿地

　　半坡氏族已经有了非常讲究的规划意识，这种规划意识不但表现在村落的布局、日常生活的安排等方面，还表现在死后的埋葬制度上。

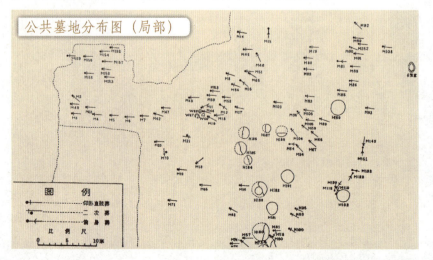

公共墓地分布图（局部）

　　在已经发掘的区域内，考古工作者共发现了250座墓葬，其中成人墓葬174座，小孩墓葬76座。这种比例明确地告诉我们一个事实：当时小孩的死亡率很高。成人与小孩死亡后是异地埋葬的，成年人大部分埋葬于村落北部大壕沟外的氏族公共墓地，只有个别埋在村落东部和东南部，而小孩墓则位于居住区内的房屋旁。

第二节 并不可怖的死亡
——成年人的葬礼

在甲骨文中，"死"字写作𦫳或𦫳，一边是人，一边是"歹"（è），残骨，指人的形体与魂魄分离。"死"字的本义是"生命终止"的意思。罗振玉在《增订殷墟书契考释》中解释说，这是像人跽形，生人拜于朽骨之旁。实际上是表达了一个庄严的祭祀仪式，庆祝死者的灵魂离去和转生。这种对待死亡的态度至今还流行于民间的祭祀活动中，现在一些地区仍然流行的"哭丧歌"其实就是一种歌舞形式。如广西壮族地区习惯请民间歌师来唱哭丧歌，两位歌师扮成舅甥，一问一答，唱歌彻夜，赞颂祖先业绩，劝导后辈不忘先辈的恩情。这种面对死亡的坦然和洒脱，实际上是灵魂不死的原始思维的反映：在氏族成员眼里，他们并没有死亡，不过是到另一个世界以另一种方式重新开始生活而已。

甲骨文的"死"字

第三节 埋葬方式的含义

成人墓葬的头向绝大多数是向西的，这种现象并不是偶然的，极有可能和某种信仰有关。根据世界各地民族志的研究结果，在埋葬死者的方向问题上，有三种情况：第一种认为，人死后灵魂要回到氏族原来的老家去，因此，头要朝着老家的方向。第二种认为，世界上有一个特殊的地方，人死后要到那里去生活，因此，埋葬死者时头就朝着这另一世界所在的方向。第三种认为，人从生到死和太阳东升西落一样，人死后就随着太阳落下，死者的头必须向西，否则对其家人不吉利。半坡氏族埋葬死者时，除个别外，头向一律向西，应该也不外这几种情况，只是无法具体确定属于哪一种。

（一）面向和姿势
——葬式的无言诉说

仰身直肢葬

屈肢葬

成年人的墓坑一般是挖一个凹槽，能容下尸体和随葬品即可，并无棺具之类的葬具。葬式分为仰身直肢葬、俯身葬、屈肢葬和二次葬4种。

仰身直肢葬是最普遍的、数量最多的葬式，这种葬式一般面朝上，上肢骨和手骨垂直放在盆骨两旁，下肢骨垂直并拢，呈现睡眠姿态，表示人死后仍然和活着时一样在另一个世界生活，这种葬式的墓葬一般随葬有生活用具和装饰品。

俯身葬是一种特殊葬式，共发现15座。其葬式是直肢俯身，上肢垂直放于盆骨两旁，都没有随葬品。根据民族志的研究，日本北海道对病死者、俄国时期西伯利亚对于异常死亡者会采取俯身葬的做法。目前，半坡氏族这种葬法的原因如何无法确定。但既然采取了与普遍方式不同的做法，无随葬品，应该是有其特殊原因的。

俯身葬

屈肢葬更特殊一些。一般下肢屈曲，有的下肢甚至被折断，似挣扎后死亡。在已发现的4座屈肢葬中，只有一座有一件随葬品。更奇怪的是有两座墓葬的位置并不在公共墓地，而位于居住区的灰坑里，显然是弃葬于此，个中缘由耐人寻味。

二次葬共4座，这种埋葬方法是在人死后先将尸体放在特定的地方，让尸体腐烂，然后将骨骼收集起来另行埋葬。这种葬式的逻辑可能是，血肉是属于人世间的，必需等肉身腐烂，才能正式埋葬，这时候死者才能进入灵魂世界。

二次葬

（二）合葬的含义是什么？

除了单人葬，半坡氏族公共墓地还发现了两座合葬墓，一座是四人合葬，一座是二人合葬。

仅有的两座合葬墓均为同性合葬，四人合葬墓的墓主为四个年龄在十四五岁的女性，二人合葬墓的墓主为男性。合葬墓的死者排列都较为整齐，并且每座墓都是一次葬，这说明死者是同时或在相距不远的时间内死去的。有学者推论，这种现象可能是当时氏族部落中一种原始宗教意识的体现：同一氏族或家族中同年出生的兄弟或姊妹，他们既然同一年来到世间，那么，他们也应当在同一年结伴回到阴间。一旦他们当中有人死去，其他的同龄伙伴便情愿殉死，以达到同归的目的。只是这种推论太可怕了。

更多的研究者将这种同性合葬的现象解释为母系氏族部落族外婚的体现。

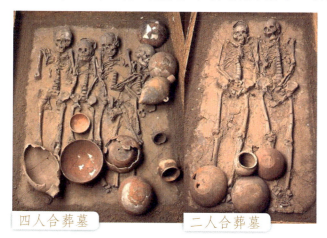

四人合葬墓　　二人合葬墓

（三）割体葬仪
——匪夷所思的举动

在半坡氏族墓葬中发现有断肢和断指现象，有的将小腿骨砍断后再与大腿骨放在一起埋葬，有的则腿骨不全，更多的是一些骨架没有手指，而在随葬的陶器或填土中却发现有零星的骨块。

　　这种现象，可能是一种特殊的葬俗。摩尔根在《古代社会》中就提到印第安人的克洛部落有这种葬俗，他们把断指视为对友人的一种报答行为，或者祭祀中的奉献行为。

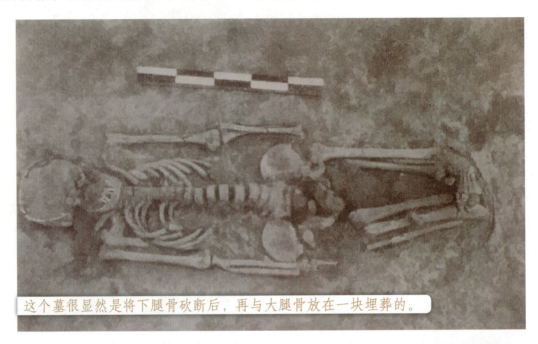

这个墓很显然是将下腿骨砍断后，再与大腿骨放在一块埋葬的。

这个墓在距腿骨以上0.2米的填土中发现几块指骨。

第四节　随葬品的数量、组合及其寓意

有随葬品的墓葬都是仰身直肢葬，随葬品以陶器为最多，装饰品次之，只有极个别的工具随葬现象。

随葬品的数量不一，少的1件，多的有10件，一般以五六件最常见，似乎是在刻意表达氏族成员之间的平等地位。合葬墓的随葬品较多，如四人合葬墓的随葬品有17件，二人合葬墓的随葬品有8件，但是平均下来，每人的数量也差不多。

仔细观察之后，考古学家看出来一些门道，虽然随葬品的组合方式多变，但基本的组合有下列几种。

尖底瓶、陶罐、陶钵组合

葫芦瓶、陶罐、陶罐组合

细颈瓶、陶罐、陶钵组合

尖底瓶、陶罐、陶钵、陶钵组合

考古学家很快发现了这些组合所包含的意义，第一，随葬的陶器是按生活实际需要来配置的，有水器、饮食器和储藏器，这和生活区遗址中的器物是一样的。第二，随葬品大部分是生活实用器物，但已经出现了专门做随葬用的明器，如尖底瓶普遍比生活区遗址中出土的实用的较小。第三，从器物的组合上，能看出其功用的异同：圜底的陶钵似乎作为器物盖子使用的，盖在粗陶罐上，因此，组合中有粗陶罐的，一定有圜底钵；尖底瓶是做水器的，长颈壶、葫芦瓶等也是做水器的，所以，这几种器物不重复出现，凡有尖底瓶的，没有葫芦瓶和长颈壶，反之亦然。

在随葬品中还有一个值得注意的现象，即在一些水器如尖底瓶、长颈壶上，有一部分是故意将口部打破后才埋入的，这种现象应该不是随意为之的。研究者在内蒙古自治区呼伦贝尔盟的达斡尔族中发现有这种现象：将死者装殓入棺时，如若用食具（如碗之类）作随葬品，一定将其摔碎后再放入棺内。因为在他们看来，阴间和阳间是相反的，只有将食具摔碎后随葬，死者在阴间才能得到完整的用品。半坡氏族将尖底瓶的口部打破后随葬是不是也具有同样的含义，尚待更多材料证实。

口部被打破的尖底瓶

第五节　神秘的凋谢
——埋葬夭折小孩的瓮棺葬

瓮棺葬是以陶瓮作葬具来掩埋未成年人尸骨的葬俗。

未成年人的死亡称为"殇"。《说文解字》说："殇，不成人也。"古代对"殇"有明确的规定，《仪礼·丧服传》记载："年十九至十六为长殇，十五至十二为中殇，十一至八岁为下殇，不满八岁以下为无服之殇。"这是进入文明社会后形成的礼制，半坡氏族可能并没有那么详细的规定，瓮棺葬内的小孩基本上属于婴幼儿。

埋葬未成年人的瓮棺葬，大多数都位于居住区内。对这种现象最温馨的解释是母爱的体现，小孩死后，其亲人不忍其远离，埋在附近以便常常照拂。郭沫若先生在访半坡遗址后有诗一首，诗中有"墓集居址旁，仿佛犹在怀""可知爱子心，万劫永不灰"的句子。

瓮棺群

这种解释或许有一定道理，因为瓮棺中的尸骨除了极个别保存完整，以及一小部分只剩下头壳和零星的肢骨外，都已经完全腐朽无存了。瓮棺葬内的尸骨不易保存下来，最大的可能就是死者的年龄太小，骨质较软。虽然牙齿是最不易腐烂的，但遗留下来的仍然很少，这可以间接说明死者是在尚未生出牙齿之前就死亡了，或者仅有不易保存

延伸阅读

《访半坡遗址四首》其一

半坡小儿冢，瓮棺盛尸骸。
瓮盖有圆孔，气可通内外。
墓集居址旁，仿佛犹在怀。
大人则无棺，纵横陈荒隈。
可知爱子心，万劫永不灰。

的乳齿。对刚刚出世不久就夭折的婴幼儿给予特别的呵护实乃人之常情。

但有的研究者提出了完全相反的观点，认为用于瓮棺葬葬具上的人面鱼纹是半坡氏族之神——鱼神。半坡人崇拜鱼神，捕鱼是半坡人除了农业生产之外重要的经济手段之一。在他们看来，想要得到更多的鱼，就得小心地伺候鱼神，就得举行献祭活动。研究者认为，半坡氏族居民献给鱼神的就是他们生养的幼童，将自己幼小的生灵用作牺牲，这在史前时代被认为是天经地义的。在一些史前遗址里就发现过祭奠在房基下、柱子下、火灶下，甚至垒砌在墙壁里的孩子骨骸。世界上以孩童作为祭献的民族也不乏其例，他们通常把当作牺牲的孩子以神格相待，然后处死。可以推想，半坡人为了氏族的生存，不惜杀死自己的孩子，献给所崇拜的鱼神。当祭仪完成，他们就将孩子装在大陶瓮里，上面再盖上一个绘有鱼神的彩陶盆，然后埋葬在居所附近。在几个遗址发现的这种完整的人面鱼纹陶盆，不少都是覆盖在儿童瓮棺上，而没有一例用作成人的随葬品，这足以说明以上断想的可信程度。

灵魂出入的通道——瓮棺盖子上的小孔

考古学家发现，在绝大多数作为瓮棺盖子的陶钵或陶盆的底部都有一个小孔，这可能是当时灵魂观念的体现，这些小孔有可能就是灵魂出入的通道。

瓮棺出土时的状况

第六节　一个神秘的半坡小女孩

特殊情况总是有的。在遗址中发现的未成年人墓葬共76座，其中属于瓮棺葬的73座，只有3座不用瓮棺。这3座未成年人墓葬中，有两座无随葬品，所以，除了不用瓮棺葬，看不出别的特殊之处。值得注意的是一座小女孩墓。

这座墓的墓主人是一个年约三四岁的女孩，尸骨保存完整，未经扰乱，其埋葬方式是按照成人处理的。在墓葬中，发现了清晰的用木板作为葬具的痕迹。和其他未成年人墓葬迥异的是，这座女孩墓不但有随葬品，且种类和数量也较多，有陶器、石珠、石球、耳坠等4类，共79件。而且，在随葬的陶钵内还有大量粟粒遗迹。这一切都在昭示一个事实：小女孩在氏族成员中有着显赫的地位。有研究者认为，特殊女孩在未及成年的时候就已进入成人行列，并取得与成人同样的待遇，其原因在于她们的母亲生前有着优越的社会地位，而又对她们特别爱重。这些母亲利用自己的地位，为女儿获取成人之名分和权益。而这样一来，那些获得厚葬的特殊女孩就以此形式表露出她们从自己母亲那里继承到比别人较多的东西，或者说这种对女孩的厚葬是母权制所实行的母女继承制的体现。

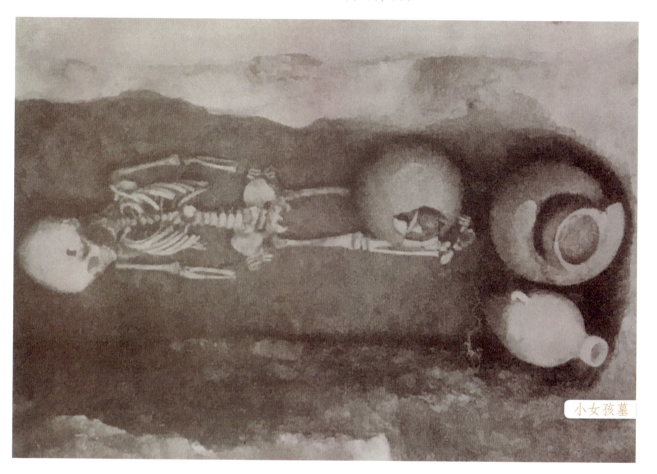

小女孩墓

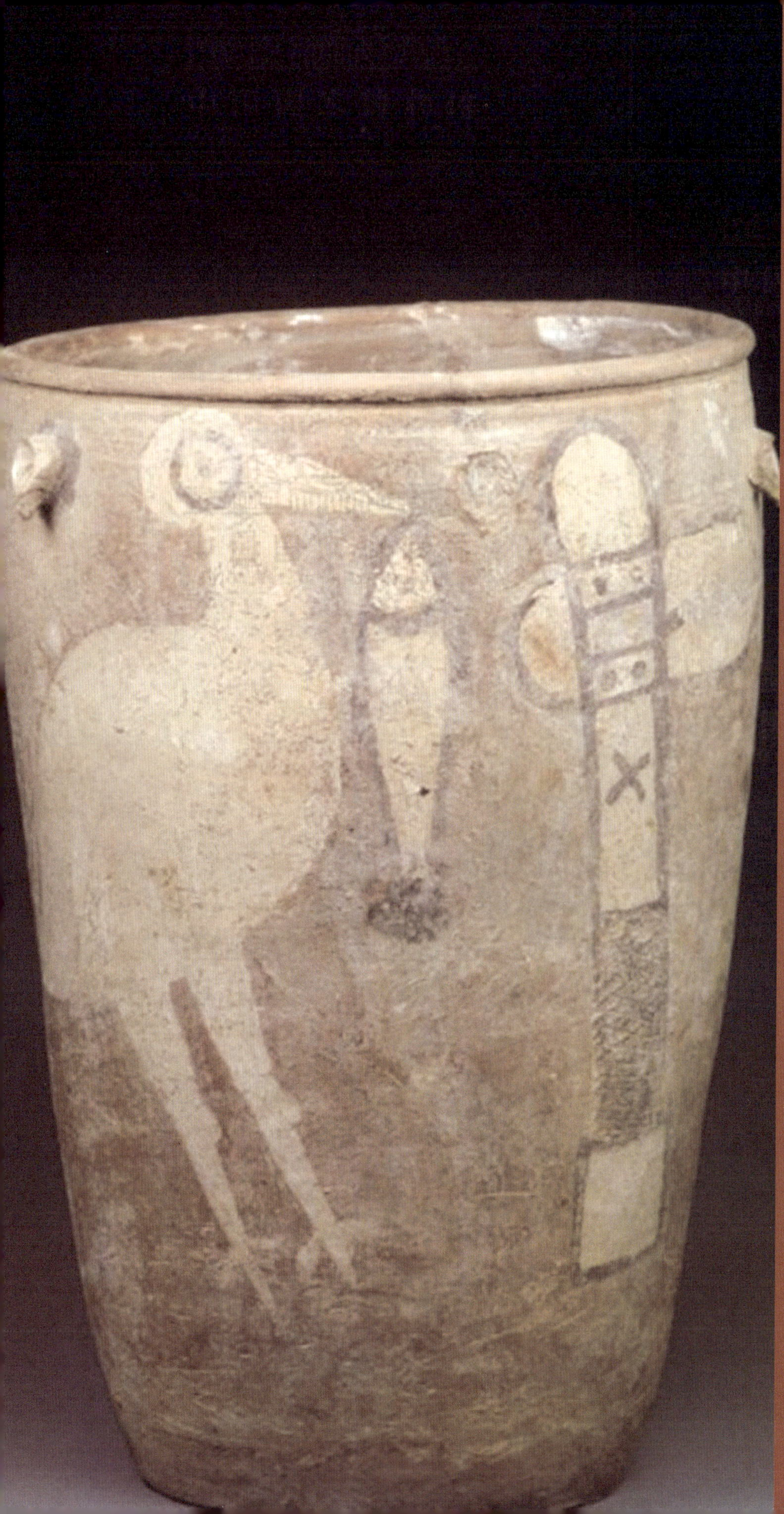

第六章

半坡人和半坡社会

通过以上各章的叙述，我们已经对半坡人在物质文化的惊人成就以及艺术方面的造诣有了大致的了解，现在该了解一下半坡文化的创造者——半坡人本身的基本情况，以及他们是在怎样的社会制度下创造了这些至今依然熠熠闪光的史前文化。

第一节　祖先的形象
——半坡人的头像复原

通过对半坡遗址发现的61具人骨的研究，体质人类学家得出的结论是，半坡人的总体特

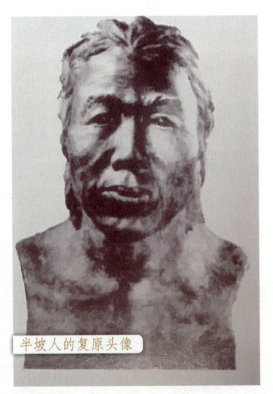

半坡人的复原头像

征属南方蒙古人种，与南亚人种有较密切的关系，具体地说就是与中国华南人的体质特征较接近。乍听起来，这一结论与我们习惯上的感觉和文化传统上有些不一致。但考古学家并不怀疑这一结论的科学性。因为，华南人和华北人在骨骼特征上差异很小，半坡人有些特点接近华南人，而另一些特点却接近华北人。也就是说，半坡人和我国现代人的人种特征基本上相同，但也确实存在着差异。形成这种差异的历史原因可能有三种情况：第一种情况可能是中原地区的人种或者其中一支是从南方迁来的，后来与北方来的人混杂而发生变异，南方则很少受人种迁徙的波及，故仍保持原来的特征；第二种情况可能是居住在中原的居民，在历次民族迁徙时移到南方去，而留在中原的居

民与迁来的北方人种相混，形成彼此的差异；第三种情况可能是黄河流域和华南原来的古代居民体质大致相同，而北方的原始居民在后来的民族融合中发生了变异，因而与南方的居民形成了差异。总之，就我国的历史实际而言，这三种情况都是可能的。历史上，人种的迁徙和混合是事实，由混合而发生体质的变化也是不可避免的。

在用于研究的61具人骨中，男性个体51具，女性个体10具。经过仔细研究，体质人类学提供了这样几个让我们感兴趣的数字：半坡人的颅骨多数属于大头型（脑容量1450毫升），少数属于中头型（脑容量1350～1449毫升）。经过对6个个体不同男性体骨的测量，其身长在165.24～172.48厘米之间，平均身高为169.45厘米。也就是说，半坡人男性身长为170厘米左右，这个个头与现代中原地区居民的一般身材差不多。

半坡人身长的测试数据（单位：厘米）

标本号	性别	所用材料及长度	所用公式	计算出的估计身长
M 133	男	左股骨(45.5)	2.15 Fem + 72.57	170.40
M 25	男	左股骨(46.1)左胫骨(37.6)	1.22(Fem + Tib) + 70.37	172.48
M 17	男	左胫骨(38.0)	2.30 Tib + 81.45	172.27
M 3	男	左股骨(44.5)	2.15 Fem + 72.57	168.245
M 117	男	右股骨(43.1)	2.15(Fem) + 72.57	165.24
M 137	男	左肱骨(31.6)	2.68(Hum) + 83.19	167.88
平　均				169.45

第二节　母系氏族公社
——半坡人的社会组织

半坡人所处的时代属于母系氏族公社的繁荣时期，这是考古学家对半坡人的社会结构和社会性质的认识。半坡人生活资料的来源，主要是由妇女担任的原始的农业生产活动。当时的生产水平低，男子必须外出从事游荡不定的狩猎活动，妇女便在聚落周围从事固定的农业生产劳动。除农耕外，与这种生产活动相联系的日常生活事务，如料理家务、制作陶器和缝制衣服等工作，很自然地便都落在了妇女身上。此外，在一定季节来临时还要出外采集。这些工作在大多数情况下都是由妇女担任的。所以，全体氏族成员的生活资料绝大部分要依靠妇女的各种劳动。由于妇女为氏族集体的福利、利益付出这样多而有价值的劳动，在经济生活上起着重要作用，因而他们在社会上有较高的地位，受到人们的尊敬，这是母系氏族社会所肃迄立的社会经济基础。

当时，人们的婚姻关系是以对偶婚的形式出现的。对偶家庭是这一时期社会的基本构成单位，妇女固定在自己的氏族中，而丈夫随妻

子在一定时期内过婚姻生活。由于这种婚姻关系并不稳固，因而在以女子为主的经济形态下，便由几个对偶家庭形成以血缘纽带为中心的共产制的氏族经济单位，共同经营氏族生活。子女跟随母亲，一切照顾和教养的责任都落在母亲的身上。因此，世系也只有从母亲计算，这也是妇女在社会上受到尊敬的原因之一。

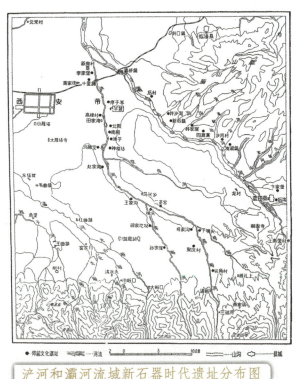

浐河和灞河流域新石器时代遗址分布图

（一）半坡人的邻居们

在浐河和灞河流域，分布着密集的新石器时代遗址，且往往对称分布于河的两岸，因而半坡遗址的发掘者石兴邦先生推测，在浐河两岸每每有相对称的两个聚落相邻而居，彼此间很像是对称外婚的氏族集团。

（二）房子里住的是什么人？住多少人？

比起"房子是什么样的造型"这样的问题，"房子里曾经住着怎样的人，他们的社会身份、角色如何"可能更能激起我们的好奇心。这是因为，前一个问题属于技术层面的问题，相对来说要简单一些，而后一个问题属于社会学范畴的问题，相对来说就要复杂得多。

按照考古学家的分析，半坡时代的房屋应该是典型的对偶家庭的居所，以母亲为主，加上未成年的儿女和外族来的丈夫，一家大概有四五个人。

在埋葬的习俗上，明显地可以看出这种对偶家庭的痕迹。遗址中发现的两个年龄相仿的男子和四个年龄相仿的女子分别合葬在一起，很典型地体现了母系氏族社会的特点。因为在母系氏族社会中，同一氏族的成员死后埋在一起，父与子、妻与夫不属同一氏族，因而不葬在一起，而母子、兄弟、姊妹死后则可以埋在一起。这两座合葬墓，可能就是兄弟姊妹（可以是广义的兄弟姊妹）的合葬。由于妇女在社会上受到尊敬，因而她们生前或死后均受优待，遗址中特殊女孩墓随葬品数量之多，可以间接说明这一点。

（三）村里有多少人？

要估计半坡氏族公社的人口有多少，只能依据现有的数据，如当时房屋的数量和大小，以及生产力水平和物质生活水平等因素，进行一些推测。

半坡氏族聚落居住区的总面积约30000平方米，在已经发掘的6600平方米（约占1／5）范围内，发现同时期存在的房屋遗迹约30座，如果将未发掘部分也按照这种密度计算，且均为同时居住的话，便有约200多座房子。以每个房屋平均面积20平方米，能住2～4人计算，应有200～800人，平均应有五六百人。在史前时期，这是一个不小的群体。

第三节　祭祀
——让祈祷的声音直达天庭

母系氏族社会都具有完备的图腾制度，半坡氏族也不例外。半坡彩陶上无所不在的鱼纹以及鹿纹等，尤其是神秘的人面鱼纹，极有可能就是半坡人的图腾崇拜对象。这一点，在以前一直只是推测，但进入新世纪，一个新的发现让人们对这样的认识深信不疑。

2002年，为配合半坡遗址保护大厅的重建，考古学家对扩建部分进行了小规模的发掘，又在村庄内的中心地带发现了祭祀遗迹：一个约80厘米高的石柱，至今屹立不倒。在石柱的

半坡遗址平面布局图
Map of Banpo Site

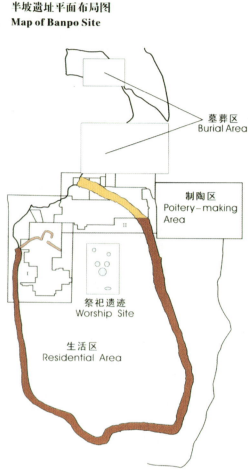

墓葬区
Burial Area

制陶区
Poitery-making
Area

祭祀遗迹
Worship Site

生活区
Residential Area

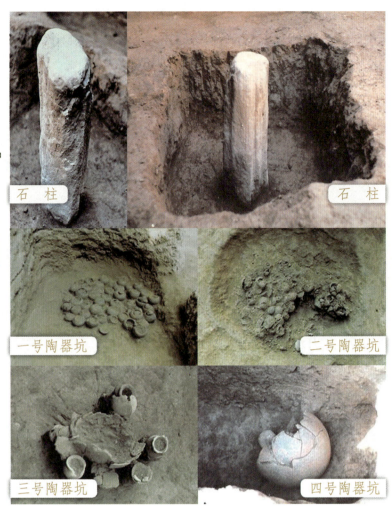

石　柱　　　　　　　石　柱

一号陶器坑　　　　　二号陶器坑

三号陶器坑　　　　　四号陶器坑

北面，发现了4个陶器坑。

在这一重要遗迹被发现之前，考古学家对半坡遗址内涵的认识是：这是一座由生活区、制陶区和墓葬区组成的村落遗址。

那么，考古学家是依据什么判断这些遗迹和祭祀相关呢？首先，遗迹所在的位置非常特殊。从半坡遗址平面布局图可以看出，这些遗迹处于已经发掘和已探明、未发掘遗址的中心位置，显示了这些遗迹的重要性。其次，是遗迹本身的特点。遗迹所在的区域，没有房屋、窖穴等生活遗迹，且不论是石柱还是陶器坑出土的陶器都呈现了一个共同特征，即非实用性。非实用，却占据村庄的中心位置，只能是用来敬奉神灵或祖先的祭祀设施。再次，从这些遗迹的分布及相互关系，也能够推导出同样的结论：石柱的中心位置和陶器群的从属关系十分明显。更令人匪夷所思的是，在这些遗迹的周边还分别发现了成年人墓葬。虽然，因为没有全面发掘而不能确定这些墓葬和石柱、陶器群是不是处在同一个文化层位，而不能完全作出这些成年人墓葬是祭祀遗址的组成部分，但成年人墓葬脱离氏族公共墓地而在村庄中心出现，已经足以让考古学家浮想联翩。最后，祭祀活动是原始文化共性特征，对半坡遗址来说，发现祭祀遗址，是这一共性文化特征的体现。既在意料之外，也在情理之中。

第四节　由鱼到鸟
——文化形态的巨大变化

"半坡人去哪里啦？"看到这里，有人可能会迫不及待地问这个问题。

要说清这个问题，不得不介绍一些考古学知识。

根据已有的考古学测年数据，半坡人在这里生活了900多年，在这900多年的时间中，半坡人的生活状态并不是一成不变的，虽然不像后来的朝代更迭那样，但是不同阶段还是有着不同的文化特点的。

那么，没有文字记载，如何来区分这些特点呢？考古学家发明了考古地层学和考古类型学的方法。简单地说，考古地层学就是根据文化堆积的不同土色及包含物分层进行挖掘和研究，考古类型学就是依据器物形态的变化进行分析研究。

在这些考古学理论指导下，考古学家将半坡遗址的文化内涵分为四个时期，即半坡类型、史家类型、庙底沟类型、西王村类型，其中最具代表性的是半坡类型和庙底沟类型。而对于这两种文化类型的关系，考古学家们却聚讼纷纭。有的认为，庙底沟类型是半坡类型的自然演变。有的认为，庙底沟类型是外来文化战胜了半坡类型，并最终取而代之了。有学者更将庙底沟类型文化覆盖半坡类型文化形象地比作一场鱼鸟大战，并最终以鸟取代鱼而告终。事有凑巧，1978年在河南省临汝县阎村发现了一

鹳鱼石斧纹彩陶缸

鹳鱼石斧纹彩陶缸图案

件鹳鱼石斧纹彩陶缸，这件陶器上绘有一幅鹳鱼石斧图，有研究者认为这幅图描述了鸟图腾部落战胜鱼图腾部落的历史事件。

目前学术界的研究还在继续，或许正是如此，半坡遗址才愈发显现出其永久的魅力。

西安半坡

第七章

何以半坡

——一座原始村落被发现、发掘和传承的价值半坡遗址从发现和发掘开始，到现在已经60多年了，其价值并未随岁月的流逝而衰减，反而因时间的延展更显得历久弥新。这一现象绝非偶然，社会背景、考古学科建设和博物馆文化传播功能的实现，是形成这一现象的根本原因。

第一节　发现
——作为史前村落的半坡

人类的历史很长，中国的史籍汗牛充栋，但是，说到原始人的生活，多少年来人们只能在"刀耕火种""茹毛饮血"的点滴记载中驰骋想象。半坡遗址的发现，将6000年前的史前遗址摆在了世人面前，其引发的震撼和轰动是可想而知的。

从国家领导人到普通百姓，从外国元首到新闻媒体，一时间对半坡遗址趋之若鹜。

西安半坡遗址发掘的消息像长了翅膀一样，迅速传遍了西安，为了满足广大观众的参观需求，1955年年底，中国社会科学院考古研究所在西安半坡遗址考古现场举办了小型展览，展览分为考古现场和出土文物两部分。在将近一个月的展览期间，前来参观的有附近农民、工人、机关干部和中小学生，累计达十数万人。

第二节　背景
——和平建设时期的开端

对今天的人们来说，长期的和平生活使"战乱"一词的含义已经不再那么敏感了。而对20世纪50年代的中国人来说就完全不同，当时中国社会刚刚结束战乱，进入稳定建设时期，人们对安定的生活充满期望。这时，半坡遗址横空出世，怀着好奇和新奇的心情去看一座6000多年前的村庄，其心情之轻松可想而知。

（一）到半坡去看考古
——60年前的一句时髦话

进入21世纪，"公众考古""大众考古"热遍了神州大地，让考古亲近大众的呼声一浪高过一浪。当追溯这一亲民举措的源头，学者们都不约而同地想到了半坡。所以，半坡遗址的发掘不但将一座史前村落遗址呈

考古人员在参观现场向民众讲解半坡遗址

民众参观半坡遗址考古发掘现场

现在世人面前，还第一次将发掘过程直接呈现给大众。

（二）进入历史教科书

教科书一向被视为民族之魂，当半坡村这个名字进入小学历史教科书，半坡就不再是西安的半坡，而成为全民族的半坡了。很多来到半坡的成年人都会有一个共同的感叹：我很小的时候就知道半坡。可见半坡遗址已经深入到公众的知识结构中，许多国人是通过半坡开始认识史前中国的。

第三节　发掘
——作为考古范式的半坡

这是中国社会科学院考古研究所王仁湘先生的评价，出自他在"纪念半坡遗址发现60周年暨石兴邦先生90华诞国际学术研讨会"上的总结发言。如果说，半坡遗址获得的巨大社会影响使之获得了广泛的民众基础，那么，半坡遗址在考古学学科建设方面的贡献则树立了其在专业领域的牢固根基。

半坡考古范式，可以简称为半坡范式，这是中国考古学取得的第一个重要成就。半坡的发现，有文物本体的目标意义，也有考古理论与方法的意义，显示了中国考古学一个非常明显的进步。

1. 大型聚落址发掘范式

半坡遗址发掘面积大，参与人员众多，田野工作时间较长，发掘组织有方。对于复杂遗迹现象的处理摸索出许多成功经验，半坡为大遗址发掘提供了一个范例。

考古人员正在对遗迹进行绘图

半坡考古发掘现场

2. 史前考古报告编写范式

编写出版的发掘报告《西安半坡》，信息量大，方位广，研究结论富于启发性，创立了完美的史前考古报告范本。报告的结构、主要章节内容、插图编排、表格与附录样式，都是后来学者必仿的格式。其中几幅彩陶演变图成为经典之作，被相关论著反复援引。即使是那些石器与陶器的线描图，也都是考古绘图的经典之作。半坡报告插图很可能在今后也是一个难以逾越的高峰。

3. 考古人类学研究范式

对半坡所获资料的解释，有考古年代学的，有文化人类学的，在对聚落布局问题、生业方式问题、农业起源问题、氏族制度问题、墓葬制度问题、瓮棺葬穿孔与灵魂崇拜

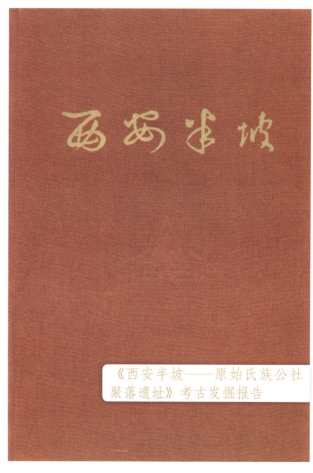

《西安半坡——原始氏族公社聚落遗址》考古发掘报告

问题、鸟崇拜问题、彩陶纹饰的演变及意义的解释等方面，其研究都走在时代前面。而且，引进多种自然科学方法，开创中国环境考古研究先河。半坡考古报告对资料进行了综合研究，为重构半坡人的生存环境、社会生活与精神生活作出了巨大努力，而这正是后来西方新考古学所追求的目标。

4．大型考古遗址保护与展示范式

在遗址发掘现场建立博物馆，大面积保护重要遗迹，将考古成果直接展示给公众，收到了很好的社会效果。半坡遗址博物馆是遗址类博物馆的领头羊，后来正是在这个样板的启示下，又陆续建成了许多遗址博物馆，还有一些大遗址公园。

1961年半坡遗址被国务院公布为全国重点文物保护单位

5．考古育人范式

许多著名学者都是从半坡走出来的，如俞伟超、张忠培、杨建芳、黄展岳等老一辈学者，先后参与半坡发掘的有200多位专业人员，他们都接受了半坡的洗礼，心中都有半坡的位置。半坡考古成就了许多考古人，他们在谈论半坡中成长，成名成家，成就学业，也将半坡范式推向更广泛的实践。

半坡范式，是史前考古范式，是中国考古学60年前的重要创获。

第四节　传承
——作为博物馆的半坡

就在半坡遗址热热闹闹接待着络绎不绝的观众的同时，中共中央关于知识分子问题的会议于1956年1月14日在中南海怀仁堂举行。会议规模宏大，与会人员济济一堂。

这次会议后来被称为第一次全国科技大会，正是在这次会议上，中共中央发出了"向科学进军"的号召，极大地鼓舞了广大知识分子，一个"向现代科学进军"的热潮迅速在全国范围内掀起。周恩来在会议上曾经指出，为了实现向科学进军的计划，我们必须为发展科学研究准备一切必要的条件，必须加强图书馆、档案馆、博物馆工作。

这一年的3月，时任文化部副部长郑振铎、国家文物局局长王冶秋来到陕西省考察工作。据石兴邦先生回忆，建立博物馆的事首先是由王冶秋同志提出的。他说："这个遗址很重要，保存很好，出土文物很丰富，有很大的历史价值，又在西安附近，应该建立一个博物馆，将它保存起来，供广大人民群众参观学习。"适逢陈毅赴西藏参加自治区筹备委员会成立大会路过西安，当参观了半坡遗址并听了有关部门的汇报后，他慨然应允，电告国务院拨款30万元用于建馆。1958年4月1日，西安半坡博物馆建成开馆。

半个多世纪过去了，回首往事，西安半坡博物馆的筹划者和建设者们也许没有想到，作为史前遗址博物馆的开创者，他们的辛勤工作对中国博物馆事业来说具有着怎样的开创意义。

○ 知识链接

《西安半坡村访古》四首

（一）
半坡村是原人居，彩陶纷陈世所稀！
绝无甲骨方块字，七千年前注可稽。

（二）
细孔骨针诚巧矣，鱼钩倒刺不奇欤？
瓮棺婴儿骸骨在，后人何事疑唐虞？

（三）
学者羞称五帝德，缙绅先生每难言。
洪荒野蛮成已注，后启文明莫忘前。

（四）
学人聚讼华夏史，半坡铁证说自存。
不应拒绝有外铄，齐向大同说文明。

（一）划时代的举措
——就地保护遗址

对于考古学家来说，遗址发掘结束之后，将遗址全部回填是再正常不过的事情了。或许他们也曾经奢想过保留一个遗址，使人们在欣赏精美文物时也能到其出土地感受一番、凭吊一番，但也只能是奢想而已。然而，20世纪50年代的中国却使这种期望有了变为现实的可能。

20多年后，日本博物馆学研究者小川光

2006年重建后的遗址保护大厅

旸这样评价半坡遗址的保护举措，"半坡博物馆……在新石器时代农耕部落遗址上面建一大罩屋作为主厅，这一点是划时代的"。

苏东海先生则从专业的角度进行了评价，"西安半坡博物馆就是在向科学进军的这样一个高起点上建立和发展起来的。当60年代西方博物馆界还在争论遗址能不能进入博物馆行列时，当1962年12月联合国教科文组织在巴黎通过的《关于景观和遗址的风貌与特性的建议》中，才开始建议对遗址和景观'应考虑建立专门博物馆'的时候，中国的半坡遗址博物馆早已把博物馆建筑矗立在遗址之上了"。

那时没有任何一个国家像半坡遗址博物馆那样，建造这么宏伟的大厅把部落遗址科学地涵盖起来，从而开创了把博物馆与遗址环境融为一体之先河。半坡遗址博物馆用事实回答了把博物馆建在遗址上的种种疑问。半坡遗址博物馆的实践，从高起点上把传统博物馆的保护、科研、展示的基本职能与"物加环境"的新思维出色地统一起来了。

遗址保护大厅

（二）现场陈列
——史前遗址博物馆陈列体系的创建

作为中国第一个史前遗址博物馆，一切业务工作的开展都是具有开创性意义的。难能可贵的是，西安半坡博物馆的从业者们始终以探索为己任，在实践中不断完善陈列内容和方法，创建了遗址原状陈列、出土文物陈列、模拟复原陈列和形式多样专题展览的陈列体系，成为史前遗址博物馆陈列之圭臬。

出土文物陈列室

遗址大厅内景

模拟复原的方形半地下房子

"世界原始部落风情实录"专题展

（三）史前工场
——丰富多彩的教育活动

大规模亲子游活动

亲子手拉手　快乐游半坡

的开放，西安半坡博物馆进行了坚持不懈的努力。进入21世纪，在新博物馆学思想的指导下，西安半坡博物馆打造了更具考古实验特点的项目——史前工场和原始部落快乐行等极具参与性的教育项目，吸引着越来越多的访者。

遗址时代的遥远造成的陌生感，催生了实验考古的诞生，而西安半坡博物馆在这方面进行了最早的探索。从20世纪60年代的石斧制作、骨针的磨制及穿孔、陶器的烧造，到80年代的房屋搭建、尖底瓶汲水，再到90年代观众参与体验项目——半坡母系氏族村

国家一级博物馆

国家文物局
二〇〇八年五月

2008年，西安半坡博物馆被国家文物局评委国家一级博物馆

'